Kevin Gerndt und Timm Bremus

Single Page Applications

D1666045

Kevin Gerndt und Timm Bremus

Single Page Applications

Webapplikationen auf Steroiden

entwickler.press

Kevin Gerndt und Timm Bremus
Single Page Applications. Webapplikationen auf Steroiden

ISBN: 978-3-86802-145-5
© 2015 entwickler.press

Ein Imprint der Software & Support Media GmbH

Bibliografische Information Der Deutschen Bibliothek
Die Deutsche Bibliothek verzeichnet diese Publikation in der Deutschen
Nationalbibliografie; detaillierte bibliografische Daten sind im Internet
über http://dnb.ddb.de abrufbar.

Ihr Kontakt zum Verlag und Lektorat:
Software & Support Media GmbH
entwickler.press
Darmstädter Landstraße 108
60598 Frankfurt am Main
Tel.: +49 (0)69 630089-0
Fax: +49 (0)69 630089-89
lektorat@entwickler-press.de
http://www.entwickler-press.de

Lektorat: Corinna Neu
Korrektorat: Frauke Pesch
Copy-Editor: Nicole Bechtel
Satz: Dominique Kalbassi
Umschlaggestaltung: Maria Rudi
Titelbild: © iStockfoto.com/kchungtw
Belichtung, Druck und Bindung: Media-Print Informationstechnologie
GmbH, Paderborn

Inhaltsverzeichnis

Inhaltsverzeichnis

entwickler.press

Vorwort

Beim Schreiben dieses Vorworts musste ich unweigerlich an meine eigenen ersten Jahre in der Webentwicklung zurückdenken. Um das Jahr 2000 entstanden die ersten dynamischen, JavaScript-basierenden Websites, die im Hintergrund Inhalte nachladen konnten. Damals noch unter dem Oberbegriff „Remote Scripting" mit primärem Fokus auf das XmlHttpRequest-(ActiveX-)Objekt des Internet Explorers. Erst fünf Jahre später wurde der bis heute prägende Begriff AJAX „erfunden" und weltweit im Sprachgebrauch der Entwickler etabliert.

Es hat dann einige weitere Jahre gedauert – zum Teil bis heute –, bis sich erneut eine Evolution dieser Technologien mit einem eigenständigen Begriff am Markt gefestigt hat: Single Page Applications – kurz: SPA.

Aus der Sicht des Jahres 2000 haben sich die dafür notwendigen Basistechnologien nicht grundlegend geändert, d. h. auch vor fünfzehn Jahren gab es schon Webanwendungen, die heutzutage – mit etwas Unschärfe – durchaus als SPAs durchgehen würden.

Was damals aber noch keineswegs absehbar war, ist die Allgegenwärtigkeit mobiler Endgeräte, wie Handys, Tablets/Phablets sowie die Selbstverständlichkeit von Apps. Diese Entwicklung, in Kombination mit deutlich gewachsenen Ansprüchen an Usability, Optik und Komplexität, hat dazu beigetragen, dass es SPAs als eigenständige App-Kategorie heute überhaupt gibt.

Timm Bremus und Kevin Gerndt haben in diesem Buch eine sehr runde und praxisnahe Darstellung des Themas ausgearbeitet. Inhaltlich geht es von den allgemeinen Grundlagen und serverseitigen Basistechnologien wie Web API über bekannte und häufig verwendete JavaScript-Frameworks wie Knockout bis hin zu komplexen Apps mit dem von Google entwickelten und mittlerweile zum allgemein anerkannten Standard gewordenen AngularJS-Framework.

Sehr gut gefällt mir, dass die Autoren ihre Darstellungen immer wieder um nachvollziehbare Projektbeispiele ergänzt haben. Für mich ist dieses Buch ein gelungener Einstieg in ein hochaktuelles Thema – ich selbst habe einiges dazugelernt – Timm und Kevin, vielen Dank für dieses Buch!

Christian Langhirt, Manager – SharePoint Solutions, Computacenter AG & Co. oHG

Danksagung

An dieser Stelle möchten wir uns bei all den lieben Menschen bedanken, die uns in der Entstehungsphase dieses Buchs begleitet und unterstützt haben.

Timm Bremus: Zuerst möchte ich mich bei meiner Lebensgefährtin Bianca-Maria bedanken! Hättest du mir nicht die Steine des Alltags aus dem Weg geräumt, hätte ich meinen Teil des Buchs, gerade bei unserem knappen Freizeitbudget, wohl niemals fertiggestellt. Danke mein Schatz, dass du in dieser stressigen Zeit zu mir gehalten und mich unterstützt hast!

Danke auch an meine Eltern, die mir gerade in Sachen Hund und Haus unter die Arme gegriffen haben. Danke für eure Unterstützung und Zuneigung, ohne die wäre ich heute nicht da wo ich jetzt bin! Danke Mama, danke Papa.

Danke an alle Freunde, Bekannte und meine Familie für euer Verständnis, dass ich in der letzten Zeit nicht so für euch da sein konnte, wie ihr es von mir gewohnt seid.

Danke an Jörg Krause, der mich mit seiner eigenen Motivation und seiner Art inspiriert hat, selbst Autor zu werden.

Ich danke euch allen! Ihr habt einen großen Teil dazu beigetragen, dass wieder einmal mein Name auf einem Buchdeckel steht!

Kevin Gerndt: Auch wenn das Schreiben eines Buchs häufig ein einsames und äußerst zeitaufwändiges Unterfangen ist, kommt kein Autor ohne die Unterstützung seines Umfelds aus.

Deshalb möchte ich mich an dieser Stelle ganz besonders bei meiner Partnerin Julia Laufer für ihre Geduld, die Motivation und ihren Beistand bedanken.

Ein großer Dank gilt natürlich auch meinen Freunden und meiner Familie.

Des Weiteren möchte ich mich bei Julius Eder für die zahlreichen inspirierenden Technologiediskussionen bedanken, die ebenfalls ihre Spuren in diesem Buch hinterlassen haben.

Vielen Dank!

Gemeinsam bedanken möchten wir uns bei unseren Kollegen, Freunden, Konferenzteilnehmern und natürlich Kunden für die unzähligen Gespräche, Inspirationen und Diskussionen, die dieses Buch geprägt haben. Viele Erkenntnisse und Erfahrungen beruhen darauf.

Wir hoffen, wir können all denen, die uns inspiriert und unterstützt haben, dieses Buch zu verfassen, ein kleines Dankeschön in Form dieses Werks zurückgeben.

Timm Bremus und Kevin Gerndt

April 2015

1 Einleitung

Single Page Applications (SPA) – wieder ein neudeutscher Begriff im Kontext des ohnehin schon schnelllebigen Internetkosmos. Zuerst als von Webdesignern und Anwendungsentwicklern abgetane Modeerscheinung mit nur wenig Beachtung gestraft, heute in der Welt des Internets kaum noch wegzudenken. Weltmarkführer im Webbusiness wie Facebook, Google oder Instagram setzen schon viele Jahre auf das vermeintlich neue Pattern SPA.

Doch was genau verbirgt sich hinter dem Begriff, der frei übersetzt nicht mehr bedeutet als Einzelseitenwebanwendung? Wieso gerade jetzt auf ein neues Pferd setzen, das als Basis die unliebsame Skriptsprache JavaScript hat und ohnehin lästig zu entwickeln ist? Webanwendungen auf Steroiden, das geht doch auch mit serverseitigen Webanwendungen!

Hinter dem Untertitel „Webanwendungen auf Steroiden" steckt aber noch ein bisschen mehr als nur eine schnelle Applikation im Internet. Wichtige Kriterien wie Ausfallsicherheit bei Verbindungsabriss, Nutzung auf verschiedensten Endgeräten oder ein flüssiger Programmablauf zeichnen ebenfalls eine moderne Applikation im Web aus. Das Internet wird immer mehr zu einer Plattform für jegliche Arten von Software. Der Anwender stellt zunehmend die gleichen Anforderungen an eine Applikation im Internet wie an eine lokal installierte Anwendung. Da wird es Zeit, als Softwareproduzent den Ansprüchen gerecht zu werden, um diesen Trend nicht zu verschlafen. Die Zeiten von Standardsoftware, lästigen Installationen, dem Produzieren von digitalen Datenträgern und schönen Verpackungen sind vorbei! App – kurz und prägnant der Begriff, wohin die Reise geht.

Lassen Sie sich einladen in eine neue Welt des World Wide Web, in der ein völlig neues Anwendungserlebnis wartet, das sie begeistern wird – mit SPAs, die frech als App daherkommen.

Wir wünschen Ihnen viel Spaß beim Lesen unseres Werks und hoffen, dass wir Ihnen die eine oder andere Entscheidungsgrundlage für den Einsatz von SPAs geben und Sie gleichzeitig mit den notwendigen Steroiden ausstatten, damit Ihre Web-App in Zukunft die Nase vorn hat.

1.1 Begriff

Der Begriff Single Page Application muss nicht gleichbedeutend mit einer komplexen Webanwendung sein. Zuerst einmal definiert der Begriff, dass alle verfügbaren Inhalte einer Homepage bzw. Webanwendung auf einer einzelnen Seite vereint und gebündelt sind. Eine SPA ist daher genauso ein möglicher Ansatz für einen Webdesigner, der ein Produkt oder eine Unternehmung im Internet präsentieren will, wie auch für einen Entwickler, der eine komplexe Applikation plant. Um eine komplexe Webanwendung von einer reinen Inhaltspräsentation zu unterscheiden, bezeichnet man sie auch als Web-App.

Der große Nachteil einer Anwendung im Netz ist, dass sie nur mit einer aktiven Internetverbindung verwendet werden kann. Bricht die Verbindung ins Internet ab, ist die Webanwendung ab dem diesem Zeitpunkt nicht mehr verfügbar. Die bittere Konsequenz für den Anwender ist im schlimmsten Fall ein Datenverlust nicht persistierter Anwendungsdaten. Gerade wenn die Anwendung über ein mobiles Endgerät verwendet wird, auf dem die Anbindung ins Netz doch öfter einmal abreißen kann, ist die Wahrscheinlichkeit des Datenverlusts sehr hoch.

Genau hier kommt der Gedanke einer Web-App ins Spiel. Die Idee ist es, die komplette Anwendung, mindestens jedoch alle notwendigen Daten für den aktuellen Anwendungsfall, auf das Endgerät zu laden und temporär zur Verfügung zu halten. Dann kann in der Anwendung navigiert werden, ohne dass erneut eine Anfrage an den Webserver gestartet werden muss. Lediglich die Anwendungsdaten, die vom Benutzer modifiziert werden bzw. auf dem Webserver in der Zwischenzeit abgewandelt wurden, müssen an den Webserver zurückübertragen bzw. von ihm neu empfangen werden (Abb. 1.1).

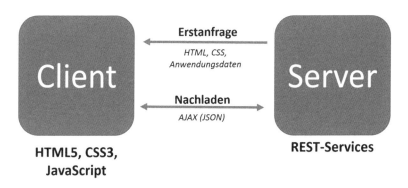

Abb. 1.1: Funktionsweise einer SPA

Dieser Prozess kann aber bewusst angestoßen und überwacht werden, selbst wenn in dem Moment der Persistenz keine Verbindung zum Webserver besteht. In diesem Fall kann auf einen solchen Verbindungsabriss reagiert werden, was mit einer herkömmlichen Webanwendung unmöglich ist.

> Eine SPA ist eine Webanwendung, die keinen Seitenwechsel durchführt, sondern ausschließlich Inhalte und HTML-Fragmente auf der bestehenden Seite dynamisch austauscht bzw. nachlädt.

Zusammengefasst zeichnet sich eine SPA durch die folgenden Merkmale aus:

- Der Browser hält den aktuellen Zustand der Anwendung
- Die Implementierung erfolgt ausschließlich durch HTML5, CSS3 und JavaScript
- Der Datenaustausch mit dem Webserver findet über eine Fassade bzw. über Web Services statt
- Das Design ist responsive (anpassungsfähig) und die Anwendung somit auf verschiedenen Endgeräten darstellbar
- Es gibt keinen Reload (Neuladen) der Seite, lediglich Seitenfragmente werden ausgetauscht und neu geladen

Standard-Webapplikation

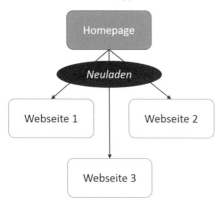

Abb. 1.2: Aufbau und Funktion einer herkömmlichen Webapplikation

Single-Page-Application

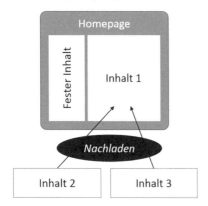

Abb. 1.3: Aufbau und Funktion einer SPA

1.2   Vor- und Nachteile

Vor der Entscheidung, die nächste Anwendung als SPA umzusetzen, sollte man sich der Vor- und Nachteile bewusst sein, die dieser Ansatz mit sich bringt.

1.2.1 Vorteile

Möglichkeit für mehr Logik

Generell besteht im Web die Möglichkeit, mehr Logik in einer einzigen Webanwendung unterzubringen. Mehrere Datenquellen in die Applikation mit einzubeziehen, ist hier deutlich einfacher als mit einer clientbasierten Softwarelösung. SPAs sind komplett auf fremde Datenquellen, also auf entkoppelte Web Services, angewiesen. Viele Standardsysteme wie beispielsweise SAP, Microsoft Dynamics oder SharePoint bieten von Haus aus Web Services an, die das Ansteuern der Applikationen über Drittsysteme, in diesem Fall von SPAs, ermöglichen. Eine SPA im Reporting-Bereich kann also leicht mehrere Datenquellen für eine Auswertung heranziehen, und das ohne aufwändiges Implementieren eigener Web Services und ohne lästige Konfiguration zahlreicher Clients, Firewalls und anderer Komponenten.

Besserer Rollout

Dass eine SPA einfacher ausgerollt werden kann als eine Clientanwendung, ist wohl ein alter Hut. Eine SPA ist aber auch einfacher auszuliefern als eine herkömmliche Webanwendung, da nur HTML-, CSS- und JavaScript-Dateien auf den Webserver zu kopieren sind und keine Programmbibliotheken ins Betriebssystem oder den Webserver integriert werden müssen. Ein einfaches Kopieren der Dateien reicht aus, um eine SPA entweder initial auszurollen oder Teile davon zu aktualisieren.

Offlinearbeit

Mit einer Webanwendung offline zu arbeiten, scheint eine Illusion zu sein. Dieser Traum wird auch mit einer SPA nicht wahr, doch immerhin kann eine derartige Applikation kurzzeitig ohne Internetverbindung weiter verwendet werden, ohne gleich beim nächsten Klick in einen „Fehler 404 – Seite konnte nicht gefunden werden" zu laufen. Der Trick ist, dass die notwendigen Anwendungsdaten bereits auf dem Endgerät zwischengespeichert sind und damit auch bei inaktiver Netzanbindung zur Verfügung stehen. Selbst wenn der Benutzer eine Aktion auslöst, kann im Fall einer getrennten Verbindung darauf reagiert und der Vorgang zu einem späteren Zeitpunkt wiederholt werden. Der Anwender muss von dieser Verzögerung noch nicht einmal etwas mitbekommen.

Einheitliche Plattform

Die Plattform für eine SPA ist sowohl aus Sicht des Anwenders wie auch aus der des Anbieters stets einheitlich. Ausreichend ist ein herstellerunabhängiger Webserver, auf dem die SPA gehostet wird. Die Web Services, von denen die Anwendung ihre Daten bezieht, müssen nicht zwingend auf dem gleichen Server liegen wie die Applikation selbst. Weiterhin hat eine SPA auf einem herkömmlichen Office-PC das gleiche Look-and-Feel wie beispielsweise auf einem Smartphone oder Tablet. Mit einem Responsive Design fällt hierfür nicht einmal zusätzlicher Aufwand an.

 Unter einem Responsive Design versteht man ein Layout, das sich an die zur Verfügung stehende Bildschirmbreite automatisch anpasst, ohne dabei Inhalte abzuschneiden oder verschoben darzustellen.

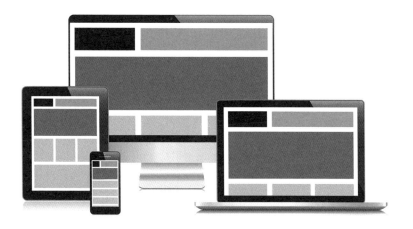

Abb. 1.4: Responsive Design – anpassungsfähiges Webdesign

Für einen webaffinen Benutzer ist die Eingewöhnung in die neue Anwendung sehr kurzweilig, da ihm die Gepflogenheiten des Internets bereits vertraut sind und er sich nur noch an die Funktionalität der neuen Software gewöhnen muss.

Schmälerung der Technologiebandbreite

SPAs basieren immer auf den Technologien HTML5, CSS3 und JavaScript. Damit entfallen der Technologiewahnsinn und die Entscheidung für eine geeignete Programmiersprache wie beispielsweise Microsofts .NET oder Oracles Java. Voraussetzung hierfür ist natürlich, dass die benötigten Web Services zur Datenbereitstellung bereits existieren. Andernfalls ist für die Umsetzung dieser Schnittstelle zum Storage natürlich weiterhin eine Programmiersprache notwendig.

Der Vorteil dieser schmalen Technologiebandbreite ist, dass es dem Entwickler deutlich leichter fällt, neue Ideen und Konzepte in eine Webanwendung zu gießen und sie über den eigentlichen Release hinweg weiter zu pflegen. Gegebenenfalls sind HTML, CSS und JavaScript ohnehin schon langjährige Bekannte des Web Developers.

1.2.2 Nachteile

Offlinearbeit

Zwar ist eine SPA toleranter bei kurzzeitigen Verbindungsstörungen als eine herkömmliche Webanwendung, doch ganz ohne Verbindung ins WWW geht es dann doch nicht. Eine autarke Arbeitsumgebung ist mit einer SPA nicht möglich. In diesem Fall muss weiterhin auf eine clientbasierte Lösung zurückgegriffen werden.

Hardwarezugriff

Gerade wenn man überlegt, seinen Anwendungsfall über eine SPA abzubilden, ist die Frage nach dem lokalen Hardwarezugriff von essenzieller Bedeutung. Genau das ist mit einer SPA, aber auch schon mit einer herkömmlichen Webanwendung, nicht zu realisieren. Muss tatsächlich auf die Hardware des lokalen Geräts zugegriffen werden, ist auf eine native App oder eine clientseitige Anwendung zu setzen.

Datensicherheit

Eine SPA liegt im Netz und ist über eine Internetverbindung erreichbar. Oft wird eine solche Applikation in der Cloud gehostet, was in vielen Unternehmen und Behörden, gerade in Deutschland, noch einen großen Aufschrei auslöst. Zwar sind die Cloud-Services der großen Anbieter nahezu sicher und immun gegen böswillige Angriffen, dennoch muss man sich das Argument gefallen lassen, dass evtl. wichtige Unternehmensdaten nicht im Keller des eigenen Gebäudes gespeichert sind, sondern auf mehreren Servern weltweit verstreut liegen und man auf deren Sicherheit nicht wirklich Einfluss hat.

Als Faustregel gilt, dass sensible Geschäftsdaten nach wie vor im eigenen Rechenzentrum liegen sollten. Weniger brisante Informationen und Anwendungen können aber ruhig in die Cloud geschoben und dort gehostet werden. Das Mittel der Wahl ist hier eine hybride Cloud, die sowohl Daten in einem klassischen Cloud-Service hält, doch mit Daten aus dem eigenen Keller angereichert und vervollständigt wird.

Selbstverständlich wird eine Bank ihre sensible Kontenverwaltung nicht als Web-App in einer Cloud zur Verfügung stellen, Anwendungen mit einem geringeren Sicherheitslevel können aber ruhigen Gewissens im Internet und damit in der Cloud platziert und darüber verfügbar gemacht werden.

1.3 Ziel dieses Buchs

Dieses Buch hat die Zielsetzung, dem Leser einen Überblick über die Möglichkeiten einer SPA zu verschaffen und anhand vieler praktischer Beispiele eine mögliche Umsetzung zu demonstrieren. Das Buch stützt sich auf die beiden Frameworks Knockout und AngularJS, die im Bereich der einzelseitigen Webanwendungen als marktführend gelten und bereits in zahlreichen Projekten aller Größenordnungen eingesetzt wurden.

Dieses Buch ist als Schnelleinstieg in das Thema SPAs anzusehen und keinesfalls allumfassend. Wir haben jedoch versucht, alle wesentlichen Bereiche, die gerade für den Praxiseinsatz interessant sind, abzudecken und kurz und kompakt alle wichtigen Kerninformationen in diesem Buch zusammenzufassen. Auf Inhalte, die es aufgrund des engen Rahmens nicht in dieses Buch geschafft haben, wurde mit einer Quellenangabe auf weiterführende Informationen verwiesen.

Der Anspruch der Autoren an dieses Buch war es, dass das Werk innerhalb weniger Tage durchgearbeitet werden kann und es dem Leser schnell möglich ist, das Gelernte direkt in die Praxis umzusetzen. Zudem haben die Autoren großen Wert darauf gelegt, dass die im Buch enthaltenen Beispiele und Listings in sich schlüssig, nachvollziehbar und frei von Syntaxfehlern sind.

Zielgruppe

Das Buch ist für Personen geschrieben, die einen Einstiegspunkt in das Thema SPAs suchen. Dabei ist es sowohl für Entwickler und Designer geeignet als auch für Berater und Personen, die die Möglichkeiten kennen lernen möchten, die sich durch SPAs ergeben.

Zudem bildet dieses Buch die Basis für Vorträge, die die Autoren im Rahmen von Fachkonferenzen abhalten und durchführen.

Als Zielgruppe sind aber auch Personen angesprochen, die in einer Managementposition sind und die Hintergründe und Funktionsweise von einzelseitigen Webapplikationen erkunden und einschätzen möchten, aber nicht das Zeitbudget zur Verfügung haben, um sich in umfassende Literatur einzuarbeiten.

2 Technik

2.1 MVC

MVC (Model-View-Controller) ist ein Designpattern, das zur Strukturierung moderner Anwendungen dient. Das Architekturmuster erfreut sich großer Beliebtheit, da es die eigentliche Anwendungslogik von der Präsentationsschicht, also der Anzeige, entkoppelt. Darüber hinaus steht natürlich der Gedanke der Wiederverwendbarkeit im Vordergrund. So ermöglicht das Entwurfsmuster MVC das Verwenden ein und desselben Models in einer Webanwendung und in einer Windows-Forms-Anwendung. Das Architekturschema untergliedert eine Anwendung in drei Hauptkomponenten:

- Model: Beherbergt Datenzugriffslogik und Geschäftslogik (Persistenzschicht).

- View: Dient der Repräsentation der Benutzeroberfläche. In der Regel wird diese Benutzeroberfläche aus den Model-Daten erstellt. Diese Komponente sollte sich leicht austauschen lassen.

- Controller: Die Controller-Komponente behandelt Benutzerinteraktionen und arbeitet mit dem Model.

Das Zusammenspiel der einzelnen Komponenten ist in Abbildung 2.1 dargestellt.

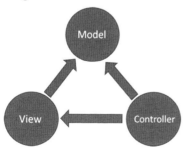

Abb. 2.1: MVC-Modell

2.2 MVVM

Model-View-ViewModel (MVVM) ist eine Variante des MVC-Patterns und dient der Trennung von Markup-Code und UI-Logik (Abb. 2.2). Dieses Pattern ist manch einem Leser vielleicht von den beiden Microsoft-Technologien Windows Presentation Foundation (WPF) und Silverlight bekannt. Durch die Entkopplung von Logik und Darstellung können beispielsweise Designer eine Oberfläche mit HTML entwickeln und sich auf User Experience konzentrieren, ohne sich darum kümmern zu müssen, wie die Daten eigentlich in die Anwendung kommen. Die Entwickler hingegen können ihren Focus auf eine sauber implementierte UI- und Geschäftslogik legen. Um eine saubere Trennung von UI und Logik nach dem MVVM-Pattern durchzuführen, werden drei Komponenten benötigt:

- Model: Dient als Datenzugriffsschicht für die Inhalte, die dem Benutzer angezeigt werden, und beinhaltet die gesamte Geschäftslogik. Darüber hinaus benachrichtigt es über Datenänderungen und führt eine Validierung der Benutzereingaben durch.

- View: Die für den Benutzer sichtbare grafische Oberfläche (GUI) der Anwendung. Nutzt Eigenschaften des ViewModels, um Inhalte darzustellen, zu manipulieren und die Benutzereingaben weiterzuleiten. Durch die lose Datenbindung ist die View einfach austauschbar und ihr Anteil an Code-Behind gering.

- ViewModel: Beinhaltet die UI-Logik und dient als Bindeglied zwischen View und Model. Eine Aufgabe besteht im Informationsaustausch mit dem Model. Des Weiteren stellt es der View öffentliche Eigenschaften und Befehle zur Verfügung. Zu beachten ist, dass das ViewModel keine direkte Kenntnis von der View besitzen darf.

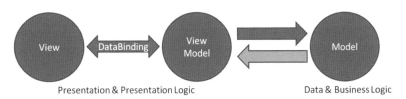

Abb. 2.2: MVVM-Pattern

2.3 Authentifizierung

Authentifizierung und Autorisierung sind essenzielle Bestandteile nahezu jeder modernen Webanwendung, SPAs bilden dabei keine Ausnahme. Da es sich bei HTTP jedoch um ein zustandsloses Protokoll handelt und somit zunächst keine permanente Zuordnung zwischen Server und Client möglich ist, muss bei jedem Request eine Autorisierungsinformation mitgesendet werden. Dieses Verfahren ist notwendig, um dem Benutzer ein ständiges Abfragen von Benutzerinformationen pro Request zu ersparen. Prinzipiell existieren für die Lösung dieses Problems zwei Ansätze: Cookies und Sticky Sessions. Bei einem Cookie handelt es sich um eine Textinformation, die vom Clientbrowser verwaltet wird. Die meisten Webframeworks verfügen standardmäßig über ein Konzept, um Cookie-Handling zu vereinfachen, den so genannten „Sitzungsstatus". Bei diesem Modell wird ein vom Server ausgestelltes Token in einem Cookie auf dem Client gespeichert. Bei jeder Anfrage des Clients an den Server wird dieses Token automatisch übermittelt, was eine direkte Zuordnung ermöglicht (Abb. 2.3).

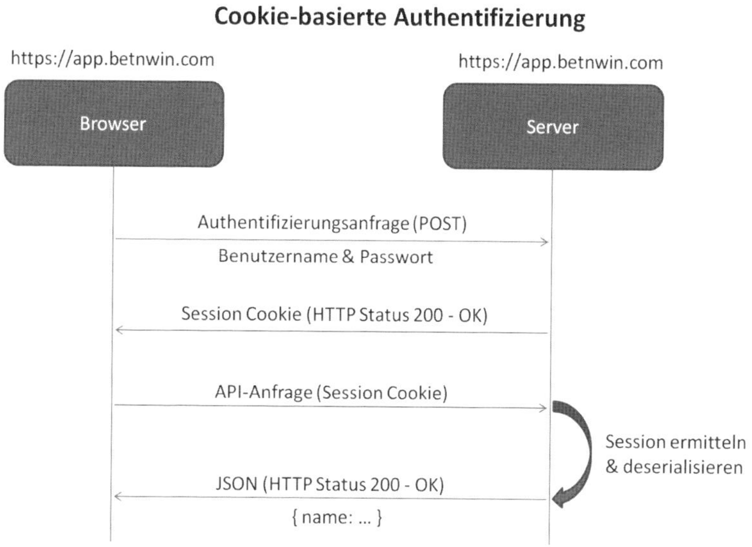

Cookie-basierte Authentifizierung

Abb. 2.3: Cookie-basierte Authentifizierung

Dieser Ansatz ist zwar einfach, gilt jedoch im Allgemeinen als veraltet und anfällig für Attacken durch Angriffsmethoden wie etwa Cross-Site Request Forgery (CSRF).

Sticky Sessions hingegen werden auf der Serverseite gehalten und über einen URL-Parameter zugeordnet. Bei vielen parallelen Nutzern führt dieser Ansatz jedoch schnell zu Skalierbarkeitsproblemen, da der Server für jeden angemeldeten Benutzer die Zustandsinformationen verwalten muss. Werden weitere Daten in der Session persistiert, verschärft sich das Problem. Versendet ein unwissender Benutzer den URL beispielsweise per E-Mail, besteht die Gefahr, dass der Empfänger die Identität des angemeldeten Benutzers übernehmen kann. Grob lässt sich festhalten, dass es somit der einfachste Weg zu einer sicheren Webanwendung ist, weder Cookies noch Sticky Sessions zu verwenden. Eine moderne Alternative stellt die Token-basierte Authentifizierung dar (Abb. 2.4). Die Funktionsweise lässt sich am besten am Beispiel eines Hotels erklären: Ein Hotelgast möchte an der Rezeption einchecken. Hierzu hinterlässt er seine seinen Namen und seine Anschrift. Im Tausch erhält er einen Schlüssel, der ihm den Zugang zu seinem Hotelzimmer, der Hotelgarage und dem Restaurant ermöglicht. Überträgt man das Beispielszenario auf den Einsatz von Tokens, verhält sich dieses folgendermaßen: Ein Benutzer gibt seine Credentials in ein Formular ein und sendet es an den Server. Dieser generiert ein Token, das wiederum an den Client übermittelt wird. Das Token wird dann vom Client persistiert und bei jeder Anfrage zurück an den Server übermittelt.

2.4 Browserkompatibilität

Generell ist festzuhalten, dass eine SPA einen relativ modernen Browser voraussetzt. Manche Frameworks unterstützten aber auch noch die älteren Modelle, die allerdings selbst in großen Unternehmen langsam der Geschichte angehören sollten.

Im Folgenden wird explizit die Browserkompatibilität der beiden Frameworks Knockout und AngularJS erwähnt, da diese auch Fokus dieses Buchs sind.

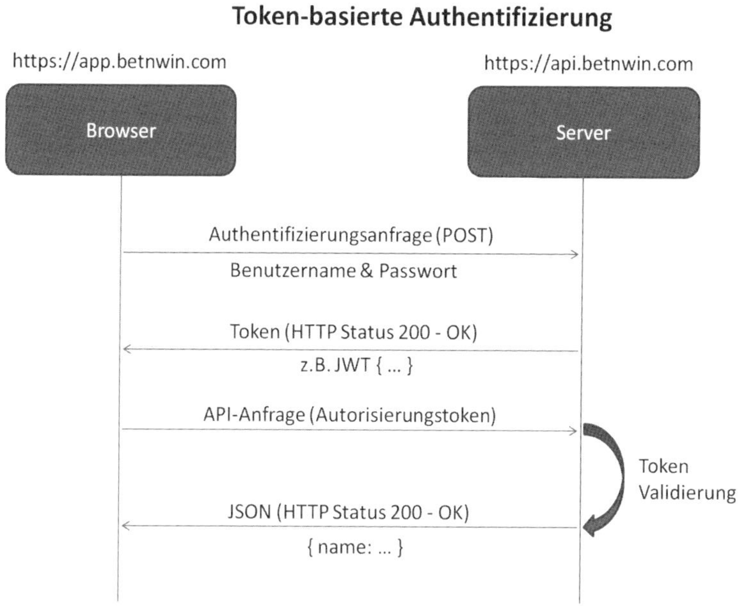

Token-basierte Authentifizierung

https://app.betnwin.com   https://api.betnwin.com

Browser   Server

Authentifizierungsanfrage (POST)
Benutzername & Passwort

Token (HTTP Status 200 - OK)
z.B. JWT { ... }

API-Anfrage (Autorisierungstoken)

Token
Validierung

JSON (HTTP Status 200 - OK)
{ name: ... }

Abb. 2.4: Token-basierte Authentifizierung

Knockout

Offiziell wird Knockout nach jedem Release mit folgenden Browsern getestet:

- Mozilla Firefox (ab Version 3.5)
- Google Chrome
- Microsoft Internet Explorer (ab Version 6)
- Apple Safari für Mac OS
- Apple Safari für iOS
- Opera

Knockout funktioniert aber auch mit Browsern anderer Hersteller und Plattformen, diese werden allerdings nicht offiziell getestet und als voll unterstützt ausgezeichnet.

AngularJS

So detailliert wie die Entwickler von Knockout ihr Framework auf diversen Browsern testen, testen die Konkurrenten von AngularJS nicht. Das Team geht in der offiziellen Dokumentation nur explizit auf die Kompatibilität des Internet Explorers ein. Es wurde bereits der offizielle Support für den IE 8 abgekündigt und auch auf Fehler hingewiesen, die im Zusammenspiel mit AngularJS und diesem Browser auftreten.

Auf Browser der neuen Generation wird nicht explizit eingegangen. Man kann jedoch beruhigt davon ausgehen, dass Browser wie der Mozilla Firefox, Apples Safari, Opera und natürlich Googles Chrome in den aktuellen Versionen voll unterstützt werden.

2.5 Debugging

JavaScript und komfortables Debugging – spricht man dies in einer Runde von Webentwicklern aus, wird man entweder ausgelacht oder darf um sein Leben rennen.

Natürlich wird die Welt, nur weil man eine SPA entwickelt, nicht besser. Die zugrunde liegende Technik ist immer noch reines JavaScript und damit sind auch die Debugging-Möglichkeiten eingeschränkt.

Zum Glück kann man sagen, dass die modernen Browser mit einem gut ausgestatteten Werkzeugkasten daherkommen, der die Arbeit mit HTML, CSS und besonders JavaScript wesentlich erleichtert.

Google Chrome bietet darüber hinaus zwei sehr interessante Erweiterungen, die sowohl das Debugging von AngularJS als auch von Knockout erleichtern.

AngularJS Batarang

Diese App erweitert die ohnehin schon gut gelungenen Developer Tools in Google Chrome. AngularJS Batarang bietet zusätzlich Debugging- und Profiling-Möglichkeiten für AngularJS-Anwendungen, auf die man als versierter Entwickler nicht verzichten sollte.

Knockoutjs context debugger

Auch die Entwickler von Knockout kommen in Google Chrome auf ihre Kosten. Selbst die Konkurrenz wird mit einer App unterstützt, die den weniger spektakulären Namen *Knockoutjs context debugger* trägt.

Auch diese Erweiterung bindet sich in die bekannten Developer Tools ein. Sie bietet die Möglichkeit, die an ein DOM-Element gebundenen Kontextdaten anzuzeigen und zu überwachen, was vor allem für große und verschachtelte View Models hilfreich ist.

3 Knockout

3.1 Einführung

Knockout (kurz KO) ist eine JavaScript-Bibliothek, die sich hervorragend dazu eignet, Anwendungen zu kreieren, die dem Benutzer einen reibungslosen Programmfluss bieten ohne lästiges Neuladen der Seite. Die Eigenschaften von Knockout und dessen Abgrenzungen zu AngularJS wurden bereits in den vorherigen Kapiteln behandelt. Hier soll es nun ausschließlich um die Technik gehen – von der Installation bis zum praxistauglichen Anwendungseinsatz, das ist das Ziel dieses Kapitels.

3.2 Installation

Die schlanke JavaScript-Bibliothek kann direkt von der Webseite *knockoutjs.com* in der aktuellsten Version heruntergeladen werden.

 Knockout steht auch in den meisten Package Managern zur Installation bereit. Beispielsweise kann die Bibliothek mit Bower (*http://bower.io*) oder NuGet (*https://www.nuget.org*) direkt ins Projekt integriert werden.

Die eigentliche Installation bzw. das Einbinden der Bibliothek in eine Webseite ist einfach. Die Referenz innerhalb einer HTML-Seite wird durch das <*script*>-Tag erzeugt (Listing 3.1).

```
<script type='text/javascript'
  src='knockout-3.2.0.js'></script>
```

Listing 3.1: Einbinden von Knockout in eine HTML-Seite

Absolute Performancefreaks nutzen zur Einbindung von Knockout ein Content Delivery Network, beispielsweise Microsoft Ajax CDN oder das CDNJS. Der Vorteil liegt darin, dass der Anwender evtl. über eine andere Webanwendung bereits die Bibliothek lokal in den Browser-Cache geladen hat und somit Knockout nicht noch einmal vom eigenen Webserver bezogen werden muss.

3.2.1 Model-View-ViewModel

Der Aufbau und die Funktion des Designpatterns „Model-View-View-Model (MVVM)" wurde bereits im Kapitel „Technik" ausführlich beschrieben. MVVM bildet die Basis einer jeden Knockout-Anwendung.

Ein ViewModel wird in Knockout mit einem herkömmlichen JavaScript-Objekt abgebildet (Listing 3.2).

```
var personViewModel = {
    forename: 'Timm',
    surname: 'Bremus',
    age: 31
};
```

Listing 3.2: Deklaration eines ViewModels

Nachdem ein ViewModel erzeugt wurde, können die einzelnen Eigenschaften an eine View gebunden werden (Listing 3.3).

```
<p>Der Nachname der Person ist
<span data-bind='text: surname'></span></p>
```

Listing 3.3: Binden von Eigenschaften in einer View

3.2.2 Knockout aktivieren

Das Attribut *data-bind* ist zwar ein valides HTML5-Attribut, doch ohne eine gesonderte Behandlung mittels JavaScript kann der Webbrowser nur wenig damit anfangen. Es gilt nun, diesem Attribut Leben einzuhauchen und somit Knockout zu aktivieren. Hierzu führt man am Fuß der HTML-Seite folgenden Befehl aus (Listing 3.4).

```
<script>
  $(document).ready(function() {
    ko.applyBindings(personViewModel);
  });
</script>
```

Listing 3.4: Aktivierung von Knockout

 Geschickt ist es, sämtlichen JavaScript-Code immer ans Ende einer HTML-Seite zu positionieren. Das verkürzt die Ladezeit der Seite und stellt gleichzeitig sicher, dass beim Laden der Skripte das DOM bereits komplett geladen ist. Zudem ist es empfehlenswert, den *ko.applyBindings*-Befehl von Knockout in den DOM Ready Handler von jQuery zu packen.

Das wars! Knockout ist nun aktiviert, und die Werte des ViewModels werden direkt in der View gerendert und ausgegeben.

Es bleibt noch zu erwähnen, dass der Funktion *ko.applyBindings* neben dem ViewModel noch ein weiterer Parameter mitgegeben werden kann. An dieser Stelle kann ein HTML-Bereich definiert werden, für den das ViewModel gültig ist. Auf diese Weise können mehrere ViewModels an eine View gebunden werden, ohne dass es zu einem Konflikt kommt (Listing 3.5).

```
ko.applyBindings(viewModel,
document.getElementById('someElementId'))
```

Listing 3.5: Gültigkeit eines ViewModels festlegen

 Zur Bestimmung eines HTML-Elements, für welches das ViewModel gültig ist, ist ausschließlich die JavaScript-Methode *document. getElementById* zu verwenden. jQuery kann an dieser Stelle nicht eingesetzt werden.

3.3 Observables

Nun wäre man theoretisch im Stande, Daten mittels eines ViewModels an eine View zu binden und dessen Eigenschaften anzuzeigen. Ein entscheidendes Puzzleteil fehlt aber noch zur Vervollständigung des gesamten Konstrukts. Wird ein Wert einer Eigenschaft im ViewModel verändert, so wird sich dieser auf dem Bildschirm nicht aktualisieren. Knockout stellt uns aus diesem Grund Observables, also einen Mechanismus zur Änderungsverfolgung von Eigenschaften, zur Verfügung. Hierzu muss das in Listing 3.2 implementierte ViewModel leicht modifiziert werden (Listing 3.6)

```
var personViewModel = {
    forename: ko.observable('Timm'),
    surname: ko.observable('Bremus'),
    age: ko.observable(31)
};
```

Listing 3.6: ViewModel mit überwachten Eigenschaften

Es sind keine weiteren Anpassungen notwendig. Ab sofort wird das an eine Eigenschaft gebundene HTML-Element in der View aktualisiert, sobald sich der Wert der Eigenschaft im ViewModel ändert.

3.3.1 Lesen und Schreiben von Observables

Da nicht alle Browser die Getter- und Setter-Methoden von JavaScript unterstützen, bildet Knockout nach wie vor Observables über herkömmliche Funktionen ab. Auf diese Weise wird sichergestellt, dass eine mit Knockout realisiere Anwendung auch auf seltenen und älteren Browsers lauffähig ist.

- Um den Wert einer Eigenschaft zu **lesen**, wird die Observable ohne Parameter aufgerufen. Im vorherigen Beispiel würde *personViewModel.forename()* den Wert „Timm" und *personViewModel.age()* den Wert „31" zurückliefern.

- Um den Wert einer Eigenschaft zu **schreiben**, wird dieser als Parameter der Observable übergeben. Beispielsweise würde der Vorname im vorherigen Beispiel mit *personViewModel.forename('Kevin')* geändert werden.

- Um gleich **mehrere Observables mit Werten füllen** zu können, kann eine verkettete Syntax verwendet werden, z. B. *personViewModel. forename('Kevin').age(26)*.

3.3.2 Erweiterte Steuerung von Observables

Im Regelfall wird eine Observable immer sofort nach der Wertänderung in der View aktualisiert. Bei hochfrequentierten Änderungen einer Eigenschaft kann darunter jedoch die Performance der Anwendung leiden. Es ist daher sinnvoll, in einem solchen Fall die Häufigkeit der Aktualisierungen einer Eigenschaft zu begrenzen, beispielsweise mit einem Extender. Listing 3.7 beschreibt, wie man die Aktualisierung einer Eigenschaft in der View auf 50 Millisekunden beschränken kann. Alle Wertänderungen, die zwischen dem gewählten Intervall liegen, werden zwar in der Observable gespeichert, aber in der View nicht aktualisiert und angezeigt.

```
personViewModel.forename.extend({ rateLimit: 50 });
```

Listing 3.7: Limitierung der Aktualisierungen einer Eigenschaft

3.4 Observable Arrays

Bisher wurden lediglich einzelne Objekte in einem ViewModel als Observable deklariert und verwendet. Um eine Sammlung von Objekten zu überwachen, werden Observable Arrays verwendet. Diese werden oftmals in Szenarien verwendet, in denen viele Datensätze, beispielsweise eine Mailbox oder eine Liste von Daten, zum Einsatz kommen. In einer solchen Sammlung von Elementen (Collection) muss man häufig auf das Entfernen und Hinzufügen von Objekten reagieren, was erst durch den Einsatz eines Observable Arrays möglich ist. Listing 3.8 zeigt ein einfaches Beispiel, wie ein Observable Array sinnvoll und korrekt eingesetzt wird.

```
// HTML-Markup
<form data-bind="submit: addItem">
  Neuer Eintrag:
  <input data-bind='value: itemToAdd,
    valueUpdate: "afterkeydown"' />

  <button type="submit"
    data-bind="enable: itemToAdd().length > 0">Add</button>

  <p>Liste der Einträge:</p>

  <select multiple="multiple" width="50"
    data-bind="options: items"> </select>
</form>

// JavaScript-Code
var SimpleListModel = function(items) {
  this.items = ko.observableArray(items);
  this.itemToAdd = ko.observable("");
  this.addItem = function() {
      if (this.itemToAdd() != "") {
          this.items.push(this.itemToAdd;
          this.itemToAdd("");
      }
  }.bind(this);
};

ko.applyBindings(
new SimpleListModel(["Bremus", "Gerndt", "Nebel"]));
```

Listing 3.8: Initialisierung und Befüllung eines Observable Arrays

Dieses Beispiel verdeutlicht, wie einfach Elemente über ein in der View eingebettetes Eingabefeld in das hierfür im ViewModel vorgesehene Observable Array übertragen werden können. Gut zu erkennen ist, dass in einem ViewModel neben den Daten auch die Aktionen definiert werden, die in einer View zur Verfügung stehen und beispielsweise an Schaltflächen gebunden werden können. Wie genau das funktioniert, wird im späteren Verlauf dieses Buchs erklärt, ebenso werden die in Knockout zur Verfügung stehenden Bindings erläutert.

Ein Observable Array überwacht lediglich, welche Elemente sich in der Collection befinden. Es überwacht aber nicht die einzelnen Eigenschaften innerhalb der Elemente. Ändert sich also die Eigenschaft eines Objekts innerhalb eines Observable Arrays, wird der Listener hierüber nicht informiert.

3.4.1 Initiale Befüllung eines Observable Arrays

Es gibt Szenarien, in denen es sinnvoll ist, ein Array direkt bei der Initialisierung mit Standardwerten zu befüllen. Verzichtet man auf eine initiale Befüllung, ist die Collection nach ihrer Definition leer. Listing 3.9 beschreibt, wie ein Observable Array über den Konstruktor mit Werten befüllt werden kann.

```
var persons = ko.observableArray([
    { forename: "Timm", surname: "Bremus" },
    { forename: "Kevin", surname: "Gerndt" },
    { forename: "Bianca-Maria", surname: "Nebel" }
]);
```

Listing 3.9: Initialisierung und gleichzeitige Befüllung eines Observable Arrays

3.4.2 Auslesen eines Observable Arrays

Ein Observable Array unterscheidet sich von der Handhabung nicht wesentlich von einem herkömmlichen JavaScript Array. Das Observable Array wurde lediglich um die Funktionalität der Überwachung erweitert. Listing 3.10 zeigt, wie ein Observable Array ausgelesen und wie damit gearbeitet werden kann.

```
alert('Es sind ' + persons().length + ' Personen im Array
                                        angelegt. ');
alert('Der Vorname der 1. Person ist: ' +
persons()[0].forename);
```

Listing 3.10: Auslesen eines Observable Arrays

Technisch können alle nativen JavaScript-Funktionen auf einem Observable Array angewendet werden. Knockout bringt allerdings noch einmal eigene Funktionen zum Arbeiten mit Observable Arrays mit. Das hat folgende Vorteile:

- Die Funktionen werden von allen Browsern unterstützt, die auch von Knockout unterstützt werden.

- Funktionen, die den Inhalt eines Observable Arrays modifizieren, berücksichtigen gleichzeitig den Dependency-Injection-Mechanismus, sodass alle registrierten Listener nach einer Veränderung benachrichtigt werden.

- Die Syntax wird vereinfacht, indem beispielsweise die *push*-Methode direkt auf dem Objekt des Arrays aufgerufen werden kann: *persons. push(…)*. Diese Schreibweise ist leichter lesbar als die native Schreibweise: *persons().push(…)*.

indexOf

Die *indexOf*-Funktion gibt den Index des ersten Elements zurück, der mit dem Übergabeparameter übereinstimmt. Es ist darauf zu achten, dass der Index stets null-basiert ist. Sollte kein Element im Array gefunden werden, so gibt die Funktion *-1* zurück.

slice

Die *slice*-Funktion gibt alle Elemente eines Arrays zurück, beginnend ab einer bestimmten Position bis zu einer definierten Endposition. Somit kann eine Teilmenge von Elementen aus einem Array ausgelesen werden.

3.4.3   Manipulation enthaltener Daten

Nach der ausführlichen Beschäftigung mit dem Auslesen eines Observable Arrays steht nun das Manipulieren enthaltener Elemente auf dem Programm.

pop, push, (un)shift, reverse, sort, splice

Die folgenden mit Knockout ausgelieferten Funktionen sind äquivalente Abbilder von nativen JavaScript-Funktionen.

- *persons.push('Timm')* fügt ein neues Element zu einem bestehenden Array hinzu

- *persons.pop()* löscht den letzten Eintrag in einem Array und gibt ihn zurück

- *persons.unshift('Timm')* fügt ein neues Element am Anfang eines bestehenden Arrays hinzu

- *persons.shift()* löscht das erste Element in einem Array und gibt es zurück

- *persons.reverse()* kehrt die Sortierreihenfolge der Elemente um

- *persons.sort()* sortiert die Elemente in einem Array, standardmäßig alphabetisch; alternativ kann aber auch eine Funktion übergeben werden, die die Sortierung übernimmt bzw. steuert

- *persons.splice()* entfernt eine bestimmte Anzahl an Elementen aus dem Array und gibt sie zurück; zusätzlich kann der Index definiert werden, ab dem die Elemente entfernt werden sollen

remove und removeAll

Knockout bringt für Observable Array noch weitere sinnvolle Methoden mit, die im nativen JavaScript nicht zur Verfügung stehen:

- *persons.remove(person)* entfernt alle Elemente, die gleich dem Übergabeparameter sind und gibt sie zurück

- *persons.remove(function(item) { return item.age < 21 })* entfernt alle Elemente, die im *age*-Parameter einen kleineren Wert haben als *21* und gibt sie zurück

- *persons.removeAll(['Timm', 'Nebel'])* entfernt alle Elemente, die in einer Property den Wert *Timm* oder *Nebel* haben und gibt sie zurück

- *persons.removeAll()* entfernt alle Elemente in einem Array und gibt sie zurück

3.5 Computed Observables

Computed Observables kommen häufig dann zum Einsatz, wenn man mehrere Properties im ViewModel kombinieren oder aus verschiedenen Properties einen Wert errechnen möchte. Ein beliebtes Beispiel ist die Kombination aus dem Vor- und dem Nachnamen einer Person. Es existiert im ViewModel eine Property für den Vornamen und eine Property für den Nachnamen. In der Anwendung soll aber an verschiedenen Stellen der volle Name angezeigt werden. Listing 3.11 zeigt, wie diese Anforderung über eine Computed Observable realisiert werden kann.

```
function Person() {
    this.firstName = ko.observable('Timm');
    this.lastName = ko.observable('Bremus');

    this.fullName = ko.computed(function() {
        return this.firstName() + " " + this.lastName();
    }, this);
}
```

Listing 3.11: Definition einer Computed Observable

Eine so definierte Computed Observable kann wie gewohnt an ein HTML-Element gebunden werden und aktualisiert sich automatisch, wenn sich entweder der Wert der Property *firstName* oder der Wert der Property *lastName* ändert.

Es ist auch möglich, eine Computed Observable auf Grundlage einer anderen Computed Observable zu definieren. So verkettete Observables werden ebenfalls korrekt aktualisiert, sobald sich ein Wert einer Property ändert, die Grundlage der Computed Observable ist.

Der zweite Parameter der *ko.computed*-Funktion übergibt die aktuelle Instanz des ViewModels in die Funktion. Ohne diese Vorgehensweise könnte man innerhalb von *ko.computed* nicht auf die Properties *this.firstName* oder *this.lastName* zugreifen, da innerhalb der Funktion keine Referenz auf das umklammernde ViewModel existiert.

Ein beliebtes Pattern, um diese Problematik zu umgehen, ist eine Referenz des aktuellen ViewModels direkt als Variable innerhalb des ViewModels zur Verfügung zu stellen (Listing 3.12). Hiermit kann man sich die Übergabe von *this* in die *ko.computed*-Funktion sparen und stellt sicher, dass man immer auf die aktuelle Referenz des ViewModels zugreift.

```
function AppViewModel() {
    var self = this;

    self.firstName = ko.observable('Timm');
    self.lastName = ko.observable('Bremus');
    self.fullName = ko.computed(function() {
        return self.firstName() + " " + self.lastName();
    });
}
```

Listing 3.12: Vereinfachung der „ko.computed"-Funktion

3.5.1 Pure Computed Observables

Pure Computed Observables wurden mit Knockout Version 3.2.0 eingeführt. Sie nutzen Speicher und Rechenleistung wesentlich sparsamer als die herkömmlichen Computed Observables. Das Geheimnis einer Pure Computed Observable liegt darin, dass die *ko.pureComputed*-Funktion nur dann ausgeführt wird, wenn auch tatsächlich ein Subscriber für die Property existiert. Die in Listing 3.13 definierte Pure Computed Observable *fullName* wird also nur dann ausgeführt, wenn auch tatsächlich darauf zugegriffen wird und sie an die Oberfläche gebunden wurde.

```
function Person() {
    var self = this;

    self.firstName = ko.observable('Timm');
    self.lastName = ko.observable('Bremus');
    self.fullName = ko.pureComputed(function() {
        return self.firstName() + " " + self.lastName();
    });
}
```

Listing 3.13: Berechnete Property mittels der „ko.pureComputed"-Funktion

Somit können zahlreiche Pure Computed Observables innerhalb eines ViewModels definiert werden, ohne dass darunter die Performance der Anwendung leidet. Computed Observables sollten künftig immer mit der *ko.pureComputed*-Funktion definiert werden. Es gibt jedoch eine signifikante Ausnahme, die es erforderlich macht, weiterhin die *ko.computed*-Funktion zu verwenden. Listing 3.14 zeigt, weshalb diese Funktion nach wie vor im Repertoire von Knockout existiert. Sollte innerhalb der *ko.computed*-Funktion eine Aktion ausgeführt und kein Wert berechnet und zurückgegeben werden, ist auf die bisher bekannte Funktion zurückzugreifen. Andernfalls würde die Funktion niemals ausgeführt werden, da auf der Property keine Subscriber registriert sind.

```
function Person() {
    var self = this;

    self.firstName = ko.observable('Timm');
    self.lastName = ko.observable('Bremus');
    self.clean = ko.computed(function() {
        var cleanData = ko.toJS(this);
        client.update(cleanData);
    });
}
```

Listing 3.14: Verwendung der alten „ko.computed"-Funktion

3.5.2   Benachrichtigung der Abonnenten

Erzwungene Benachrichtigung nach einer Änderung

Standardmäßig werden die Abonnenten (Listener) einer Computed Observable nur dann über eine Aktualisierung des Werts benachrichtigt, wenn sich der Wert auch tatsächlich verändert hat. Würde sich also der Vorname aus dem in Listing 3.12 gezeigten Beispiel aktualisieren, der Wert jedoch weiterhin Timm sein, so würde Knockout die Computed Observable *fullName* nicht aktualisieren. Um die Aktualisierung zu erzwingen, greift man auf einen Extender zurück (Listing 3.15).

```
Person.fullName = ko.pureComputed(function() {
    return this.firstName() + " " + this.lastName();
}).extend({ notify: 'always' });
```

Listing 3.15: Erzwingen einer Aktualisierung einer Computed Observable

Verzögerte Benachrichtigung nach einer Änderung

In manchen Anwendungsszenarien ist es möglich, dass sich der Wert einer Computed Observable sehr häufig aktualisiert. Um die Anwendung in diesem Fall weiterhin performant und benutzerfreundlich zu halten, kann es hilfreich sein, die jeweilige Observable nur in einem definierten Intervall zu aktualisieren. Auch hier kann man sich mit einem Extender behelfen. Listing 3.16 zeigt, wie eine Computed Observable nur alle 100 Millisekunden aktualisiert wird. Alle Wertänderungen, die während des Intervalls an der Observable vorgenommen werden, werden in diesem Fall ignoriert und die Anzeige wird nur alle 100 Millisekunden auf den aktuellen Stand gebracht.

```
person.fullName.extend({ rateLimit: 50 });
```

Listing 3.16: Verzögerte Benachrichtigung einer Computed Property

3.5.3 Identifizierung einer Computed Observable

Knockout bietet die Möglichkeit, eine Computed Observable mit der Funktion *ko.isComputed* zu identifizieren. Das ist dann besonders hilfreich, wenn Daten zum Persistieren an einen Webserver übertragen werden sollen. Hier ist es sinnvoll, die Computed Observables zu erkennen und sie nicht an den Webserver weiterzuleiten. Listing 3.17 veranschaulicht dieses Szenario anhand eines Beispiels.

```
for (var prop in person) {
  if (person.hasOwnProperty(prop) &&
  !ko.isComputed(person[prop])) {
      result[prop] = person[prop];
  }
}
```

Listing 3.17: Identifizierung von Computed Observables

Zusätzlich bietet Knockout auch die Funktionen *ko.isObservable* und *ko.isWriteObservable* an. Mit diesen Funktionen können schreibgeschützte und beschreibbare Observables identifiziert werden.

3.5.4 Beschreibbare Computed Observable

Sicherlich hat der ein oder andere Leser schon einmal daran gedacht, wie es wäre, wenn man versucht, einen Wert über die Benutzereingabe in einer Computed Observable zu speichern. Das ist durchaus möglich und ein mächtiges, wenngleich fortgeschrittenes Werkzeug in Knockout.

Veranschaulicht wird dieser Anwendungsfall am bekannten Computed Observable *fullName*. Es soll nun auch möglich sein, den *fullName* direkt über die Oberfläche einzugeben und automatisch die beiden Properties *firstName* und *lastName* zu befüllen.

Listing 3.18 veranschaulicht den für dieses Beispiel notwendigen HTML- und JavaScript-Code.

```
<!-- HTML -->
<div>Vorname: <span data-bind="text: firstName"></span></div>
<div>Nachname: <span data-bind="text: lastName"></span></div>
<div>Hallo, <input data-bind="textInput: fullName"/></div>

<!-- JavaScript -->
<script>
  function PersonViewModel() {
      this.firstName = ko.observable('Timm');
      this.lastName = ko.observable('Bremus');

      this.fullName = ko.pureComputed({
        read: function () {
            return this.firstName() + " " + this.lastName();
        },
        write: function (value) {
            var space = value.lastIndexOf(" ");
            // Eingaben ohne Leerzeichen ignorieren
```

```
        if (space > 0) {
            this.firstName(value.substring(0, space));
            this.lastName(value.substring(space + 1));
        }
    },
    owner: this
    });
  }
  ko.applyBindings(new PersonViewModel());
</script>
```

Listing 3.18: Umsetzung einer beschreibbaren Computed Observable

Besonders hervorzuheben ist das *write*-Objekt, das innerhalb der *ko.pureComputed*-Methode definiert wurde. Innerhalb der diesem Objekt zugewiesenen Funktion wird beschrieben, wie mit einer Eingabe umgegangen wird, die über die Oberfläche an das Computed Observable gebunden ist. Im obigen Beispiel wird der eingehende String anhand eines vorhandenen Leerzeichens getrennt und der erste Wert dem Vor- und der letzte Wert dem Nachnamen zugeschrieben.

In vielen Anwendungen werden Auswahlmöglichkeiten über eine Liste mit Checkboxen angeboten. Um den Ansprüchen der Barrierefreiheit und der Benutzerbarkeit gerecht zu werden, wird über der Liste eine weitere Checkbox angeordnet, die es ermöglicht, alle angebotenen Optionen auf einmal zu aktivieren bzw. zu deaktivieren (Abb. 3.1).

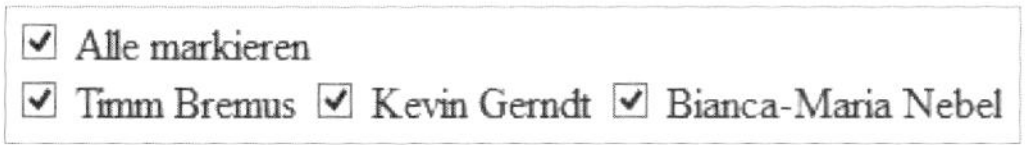

Abb. 3.1: Alle Elemente markieren

Listing 3.19 beschreibt den hierfür notwendigen HTML- und JavaScript-Code.

```
<!DOCTYPE html>
<html>
  <head>
    <script src="knockout-3.2.0.js"></script>
  </head>
```

```
<body>
  <div>
    <input type="checkbox"
      data-bind="checked: selectedAllPersons" />
    Alle markieren
  </div>
  <div data-bind="foreach: persons">
    <label>
      <input type="checkbox"
        data-bind="checkedValue: $data,
        checked: $parent.selectedPersons"/>
      <span data-bind="text: $data"></span>
    </label>
  </div>

  <script>
  function PersonsViewModel() {
    this.persons = [ 'Timm Bremus', 'Kevin Gerndt',
    'Bianca-Maria Nebel' ];
    this.selectedPersons = ko.observableArray();
    this.selectedAllPersons = ko.pureComputed({
      read: function () {
        return this.selectedPersons().length ===
        this.persons.length;
      },
      write: function (value) {
        this.selectedPersons(value ?
        this.persons.slice(0) : []);
      },
      owner: this
    });
  }


  ko.applyBindings(new PersonsViewModel());
  </script>
</body>
</html>
```

Listing 3.19: Alle Elemente in einer Liste mit einem Klick markieren

Wieder einmal richtet sich das Augenmerk auf die Funktion, die dem *write*-Objekt der *selectedAllPersons* Computed Observable zugewiesen wurde. Wird der Wert der ALLE MARKIEREN-Checkbox auf *true* gesetzt, werden alle Personen aus dem Array *persons* in das Array *selectedPersons* geschrieben. Andernfalls werden alle Inhalte im Array *selectedPersons* gelöscht.

Interessant ist diesmal auch die Funktion des *read*-Objekts. Hier wird geprüft, ob die Anzahl der *selectedPersons* der Anzahl der Elemente im Array *persons* entspricht. Ist das der Fall, wurden alle Personen in der Liste manuell aktiviert und die ALLE MARKIEREN-Checkbox kann ebenfalls automatisch markiert werden.

Es gibt noch unzählige weitere Einsatzmöglichkeiten für beschreibbare Computed Observables. Es sollte jedoch nicht außer Acht gelassen werden, dass dieses mächtige Werkzeug auch sehr anfällig für Fehleingaben und Logikfehler ist. Es ist deshalb genau zu prüfen, ob eine Computed Observable tatsächlich beschreibbar sein muss oder ob das Problem auch über einen einfacheren Mechanismus gelöst werden kann.

3.6 Bindings

Nachdem nun ausgiebig die Definition und Implementierung von View-Models und den darin enthaltenen Observables behandelt wurden, soll es nun darum gehen, diese Daten an die Oberfläche und damit an die View zu binden. Hierfür stellt Knockout eine Vielzahl von Bindern zur Verfügung, die für das Binding der Daten an die Oberfläche eingesetzt werden können. Grundsätzlich kann hier zwischen vier verschiedenen Arten von Bindern unterschieden werden (Abb. 3.2).

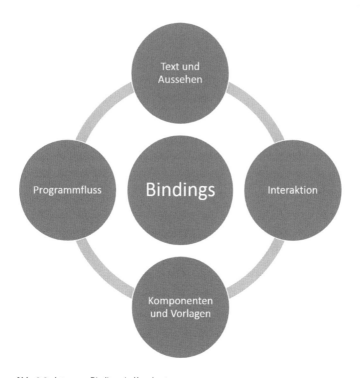

Abb. 3.2: Arten von Bindings in Knockout

3.6.1　Text und Aussehen

In die Kategorie „Text und Aussehen" fallen alle Bindings, die das Aussehen von DOM-Elementen und die Ausgabe von Text innerhalb der View steuern. Auch die Eigenschaften von HTML-Elementen können über die Binder dieser Kategorie modifiziert werden.

visible-Binding

Das *visible*-Binding dient der Anzeige bzw. dem Verbergen von Informationen. In der Handhabung ist es sehr einfach, wie Listing 4.20 unter Beweis stellt.

```
<div data-bind="visible: showAlert">
  Es wurden nicht alle Pflichtfelder ausgefüllt.
</div>

<div>
  <label>Vorname:</label>
  <input type="text" data-bind="value: firstName" />
  <label>Nachname:</label>
  <input type="text" data-bind="value: lastName" />
</div>

<script type="text/javascript">
  function PersonViewModel() {
    this.firstName = ko.observable("");
    this.lastName = ko.observable("");
    this.showAlert = ko.pureComputed(function() {
      if (this.firstName() == "" || this.lastName() == "")
        return true;
    }, this);
  }

  ko.applyBindings(new PersonViewModel());
</script>
```

Listing 3.20: Einsatz des „visible"-Bindings für eine einfache Validierung

An dieser Stelle sei vorweggenommen, dass die Validierung von Formularen bzw. von Properties innerhalb eines ViewModels mittels Extendern und nicht wie hier gezeigt über eine Computed Observable abgebildet wird. Dieses Beispiel eignet sich jedoch hervorragend, um das *visible*-Binding verständlich zu machen.

Der *visible*-Binder erwartet als Wert entweder *true* oder *false*. Diesen Wert kann man entweder über eine Property im ViewModel abbilden, wie in Listing 3.20 gezeigt, oder man notiert direkt am Binder eine Bedingung wie in Listing 3.21. Voraussetzung hierfür ist natürlich, dass, wie in diesem Beispiel gezeigt, eine Property *modelErrors* existiert, die in diesem Fall ein Array mit den im Formular aufgetretenen Fehlern ist.

```
<div data-bind="visible: modelErrors().length > 0">
    Es wurden nicht alle Pflichtfelder ausgefüllt.
</div>
```

Listing 3.21: Definition einer Bedingung direkt am „visible"-Binder

Technisch fügt Knockout zum Verbergen eines HTML-Objekts lediglich das Attribut *style* mit der CSS-Anweisung *display: none* zum jeweiligen Element hinzu.

Die Bindings text und html

Mit den Bindern *text* bzw. *html* lassen sich beliebige Inhalte aus einem ViewModel auf den Bildschirm bringen. Beide Binder haben prinzipiell die gleiche Funktionalität. Aus Gründen der Sicherheit wird aber zwischen einem reinen Text-Binding und einem HTML-Binding unterschieden. Um zu vermeiden, dass ein Benutzer über eine Eingabemaske HTML Markup in das System einschleust und das System diesen dann ungeprüft wieder ausgibt, hat man sich dazu entschlossen, Text nur ganz bewusst auch als HTML Markup auszugeben, um Missbrauch zu vermeiden.

Wird ein Inhalt mit dem *text*-Binder ausgegeben, wird er automatisch HTML enkodiert. Damit kann das Markup vom Browser nicht mehr interpretiert werden und wird als normaler Text auf dem Bildschirm ausgegeben.

Es gibt aber auch tatsächlich Fälle, in denen man vom Benutzer eingegebenen Text als HTML Markup interpretiert ausgeben möchte, z. B. in Redaktionssystemen. Natürlich sind auch hier nicht alle HTML Tags zu interpretieren und die zulässigen Befehle auf ein Minimum zu reduzieren. Weiter soll aber an dieser Stelle nicht auf die Sicherheit von HTML Injection bzw. JavaScript Injection eingegangen werden. HTML Markup kann zur korrekten Interpretation durch den Browser mit dem *html*-Binding gebunden werden. Listing 3.22 veranschaulicht den Unterschied anhand eines kleinen Beispiels.

```
<style>
  .output div {
    width: 300px;
    height: 100px;
    border: solid black 1px;
  }

  .output em {
    color: red;
    border: solid red 3px;
  }
</style>

<label>Eingabe:</label>
<input type="text" data-bind="value: notes" />
<div class="output">
  <span>Ausgabe (Text):</span>
  <div data-bind="text: notes"></div>
  <span>Ausgabe (HTML):</span>
  <div data-bind="html: notes"></div>
</div>

<script type="text/javascript">
  function BlogViewModel()
      this.notes = ko.observable();
  }
  ko.applyBindings(new BlogViewModel());
</script>
```

Listing 3.22: Unterschied zwischen den Bindings „text" und „html"

Während der obere *<div>*-Container die Eingabe HTML enkodiert darstellt, wird im unteren Container der HTML vom Browser korrekt gerendert (Abb. 3.3).

Die beiden Binder bieten ebenfalls die Möglichkeit, eine Bedingung zur Anzeige des Werts in Form eines ternären Operators zu definieren (Listing 3.23). Somit kann man sich die Implementierung einer Computed Observable sparen und das ViewModel weiter schlank halten.

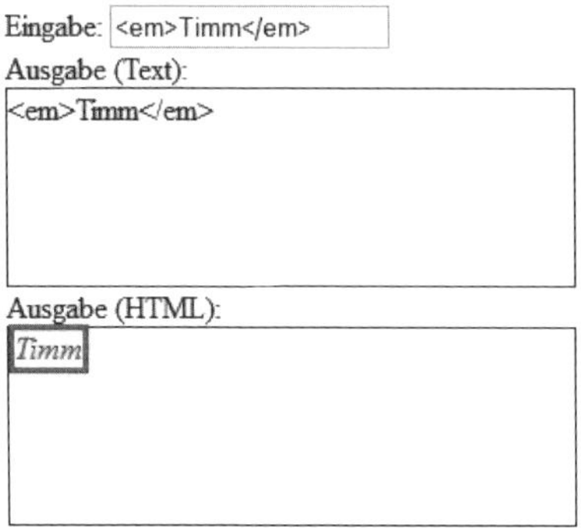

Eingabe: `<em>Timm</em>`
Ausgabe (Text):
`<em>Timm</em>`

Ausgabe (HTML):

Abb. 3.3: Beispielanwendung für die Binder „text" und „html"

```
<p>
    Die Person ist <span data-bind="text: age() > 18 ?
    'volljährig' : 'minderjährig.'"></span>.
</p>
```

Listing 3.23: Bedingte Ausgabe über ternären Operator

Zuletzt bleibt noch zu erwähnen, dass man einen Text bzw. ein Markup auch ohne einen HTML-Container auf dem Bildschirm ausgeben kann. Das ist z. B. dann erforderlich, wenn man einen Inhalt innerhalb eines Elements ausgeben muss, der keine weiteren Elemente beinhalten darf (z. B. das *option*-Tag). In diesem Fall bedient man sich der herkömmlichen HTML-Kommentare, wie Listing 3.24 veranschaulicht.

```
<select>
    <option><!--ko text: firstName --><!-- /ko --></option>
</select>
```

Listing 3.24: Binden von Text ohne neues HTML-Element

> Eine derartige Notation mittels HTML-Kommentaren wird im Übrigen von nahezu allen Bindern, Kontrollstrukturen etc. in Knockout angeboten.

Die Bindings css, style und attr

Spätestens nach dem Lesen des vorherigen Abschnitts sollte klar sein, wie komplette HTML-Elemente mittels Data Binding in eine View eingefügt werden können. In diesem Abschnitt soll es darum gehen, aufzuzeigen, wie bestehende Elemente modifiziert werden können. Im Detail wird hier auf die Modifikation von HTML-Attributen eingegangen. Hierfür stellt Knockout drei verschiedene Binder zur Verfügung.

Mit dem *css*-Binder lassen sich eine oder mehrere CSS-Klassen einem im Dokument bestehenden Element hinzufügen. Die Funktionsweise soll anhand des in Listing 3.25 aufgezeigten Beispiels erklärt werden.

```
<style>
  .highlight { color: Red; font-weight: bold; }
</style>

<input type="button" data-bind="click: sub" value="-" />
<div data-bind="text: sum, css: sumStatus"></div>

<script>
  function PersonsViewModel() {
    this.sum = ko.observable(1000);
    this.sumStatus = ko.pureComputed(function() {
      return this.sum() < 0 ? "highlight" : "normal";
    }, this);
    this.sub = function() {
      this.sum(this.sum() - 100);
    };
  }

  ko.applyBindings(new PersonsViewModel());
</script>
```

Listing 3.25: Verwendung des „css"-Binders an einem einfachen Beispiel

Mit der angebotenen Schaltfläche kann von der Observable *sum* jeweils der Wert *100* subtrahiert werden. Das Ergebnis wird dann in einem HTML-Element dargestellt. Sollte das Ergebnis einen negativen Wert besitzen, wird es rot auf dem Bildschirm ausgegeben, indem dem HTML-Element eine CSS-Klasse *highlight* hinzugefügt wird. Das wird über eine

Single Page Applications

Computed Observable realisiert, die im Fall eines negativen Ergebnisses die Klasse *highlight* mittels des *css*-Binders an das Element bindet, welches das Ergebnis bzw. den Inhalt der Observable *sum* ausgibt.

Das gleiche Ergebnis kann auch mit dem *style*-Binder erreicht werden (Listing 3.26). Hierzu muss lediglich das *<div>*-Element angepasst werden, welches das Ergebnis darstellt.

```
<div data-bind="text: sum, style: { color: sum() < 0 ?
                        'red' : 'black' }"></div>
```

Listing 3.26: Formatierung von Text mittels des „style"-Binders

Was nun aber, wenn man weder bei einem bestehenden Element die CSS-Klasse (*class*-Attribut) noch den Style (*style*-Attribut) bearbeiten, sondern andere HTML-Attribute an ihm modifizieren möchte? An dieser Stelle kommt der *attr*-Binder ins Spiel, der genau dies ermöglicht. Am besten ist die Funktion dieses Bindings wieder an einem Beispiel zu erklären (Listing 3.27).

```
<img data-bind="attr: { src: image, 'data-name': name }" />

<script>
  var person {
    image: ko.observable("images/foto.jpg"),
    name: ko.observable("Timm Bremus")
  };
</script>
```

Listing 3.27: Verwendung des „attr"-Binders

Sollte es erforderlich sein, ein Attribut zu binden, das kein reguläres HTML-Attribut ist, ist der Bezeichner des Attributs in Anführungszeichen zu setzen (im Beispiel das Attribut *data-name*).

3.6.2   Programmfluss

In den Bindern der Kategorie *Programmfluss* geht es darum, das Verhalten einer Anwendung bzw. von Inhaltselementen zu beeinflussen und

entwickler.press

zu steuern. Die Binder werden nun in den folgenden Abschnitten aufge-
zählt und erläutert.

foreach-Binding

Das wohl wichtigste und am häufigsten zum Einsatz kommende Binding
aus der Kategorie der Kontrollfluss-Bindings ist das *foreach*-Binding. Es
wird verwendet, um HTML-Fragmente zu wiederholen und Listen,
Aufzählungen oder Tabellen mit dynamischen Daten aus beispielsweise
einem Web Service zu befüllen. Das *foreach*-Binding soll anhand eines
Beispiels näher erläutert werden (Abb. 3.4).

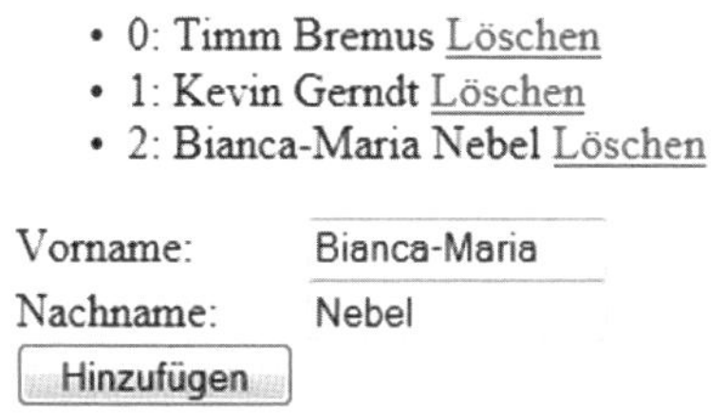

- 0: Timm Bremus Löschen
- 1: Kevin Gerndt Löschen
- 2: Bianca-Maria Nebel Löschen

Vorname: Bianca-Maria

Nachname: Nebel

[Hinzufügen]

Abb. 3.4: Beispiel einer Personenverwaltung mit dem „foreach"-Binding

Implementiert wurden eine HTML-Liste, die Benutzer eines Systems
darstellt, und ein Formular, das die Neueingabe von Personen ermöglicht. Listing 3.28 zeigt den hierfür benötigten JavaScript- und HTML-
Code.

```
<ul data-bind="foreach: persons">
  <li>
    <span data-bind="text: $index"></span>:
    <span data-bind="text: firstName"></span>
    <span data-bind="text: lastName"></span>
    <a href="#"
      data-bind="click: $parent.remove">L&ouml;schen</a>
  </li>
</ul>

<div>
  <div>
```

```
  <label for="firstName">Vorname:</label>
  <input type="text" data-bind="value: newFirstName" />
</div>
<div>
  <label for="firstName">Nachname:</label>
  <input type="text" data-bind="value: newLastName" />
</div>
<div>
  <input type="button" value="Hinzuf&uuml;gen"
    data-bind="click: add" />
</div>
</div>

<script>
  function PersonViewModel() {
    var self = this;
    self.firstName = ko.observable();
    self.lastName = ko.observable();
  }

  function ListViewModel() {
    var self = this;
    self.persons = ko.observableArray();
    self.newFirstName = ko.observable();
    self.newLastName = ko.observable();

    self.add = function() {
      var person = new PersonViewModel();
      person.firstName(self.newFirstName());
      person.lastName(self.newLastName());
      self.persons.push(person);
    };

    self.remove = function() {
      self.persons.remove(this);
    }
  }
  ko.applyBindings(new ListViewModel());
</script>
```

Listing 3.28: Beispiel eines „foreach"-Binders anhand einer Personenverwaltung

Näher in Augenschein sollte man nun das *ListViewModel* nehmen, das ein Observable Array mit Personen enthält. Dieses Array umfasst Objekte des ebenfalls im Beispiel implementierten *PersonViewModel*. Zudem enthält das *ListViewModel* zwei Methoden, mit denen sich der Personenbestand innerhalb des Arrays modifizieren lässt. Die *add*-Methode fügt beim Klick auf die Schaltfläche HINZUFÜGEN dem Array *persons* ein neues Objekt vom Typ *PersonViewModel* hinzu.

Mit der *remove*-Methode kann das aktuelle Element, also das Element, für das der LÖSCHEN-Link bestätigt wurde, aus dem Array *persons* entfernt werden. Hierzu reicht es aus, die aktuelle Instanz *this* des Elements aus der Liste zu entfernen.

Weiterhin ist der kontextbezogenen Eigenschaft *$index* Aufmerksamkeit zu schenken. Es gibt eine Vielzahl von kontextbezogenen Eigenschaften, die innerhalb eines *foreach*-Bindings verwendet werden können. Im Fall von *$index* wird lediglich der Index des aktuellen Elements ausgegeben.

 Alle für das *foreach*-Binding verfügbaren kontextbezogenen Eigenschaften (Context Properties) können in der offiziellen Dokumentation von Knockout nachgeschlagen werden.

Zum Schluss sollen die kontextbezogenen Eigenschaften *$parent* und *$data* genauer betrachtet werden. Hiermit ist es möglich, in verschachtelten *foreach*-Konstruktionen auf den Kontext des übergeordneten Objekts zuzugreifen. Was genau das bedeutet, lässt sich am besten anhand eines Beispiels illustrieren (Listing 3.29).

```
<ul data-bind="foreach: { data: sports }">
  <li>
    <ul data-bind="foreach: { data: units }">
      <li>
        <span data-bind="text: $parent.name"></span>
        (<span data-bind="text: $data"></span>)
      </li>
    </ul>
  </li>
</ul>
```

```
<script type="text/javascript">
  var viewModel = {
    sports: ko.observableArray([
    { name: "Schwimmen",
      units: [ "21.01.2015", "22.01.2015", "24.01.2015" ] },
    { name: "Radfahren",
      units: [ "21.01.2015", "23.01.2015", "28.01.2015" ] },
    { name: "Laufen",
      units: [ "02.01.2015", "12.01.2015", "20.01.2015" ] }
    ])
  };
  ko.applyBindings(viewModel);
</script>
```

Listing 3.29: Verschachtelte „foreach"-Konstruktion und Zugriff auf Objekte

Um auf die Daten des übergeordneten Elements zugreifen zu können, ist das *$parent*-Objekt notwendig. Auf das Objekt der aktuellen Ebene kann mit dem Objekt *$data* zugegriffen werden.

Um die Lesbarkeit eines solchen Konstrukts zu verbessern und die jeweiligen kontextbezogenen Objekte genauer zu beschreiben, können Synonyme vergeben werden. In Listing 3.30 wird das oben angeführte Beispiel umgeschrieben und die kontextbezogenen Objekte werden durch Synonyme ersetzt.

```
<ul data-bind="foreach: { data: sports, as: 'sport' }">
  <li>
    <ul data-bind="foreach: { data: units, as: 'unit' }">
      <li>
        <span data-bind="text: sport.name"></span>
        (<span data-bind="text: unit"></span>)
      </li>
    </ul>
  </li>
</ul>
```

Listing 3.30: Synonyme in einer verschachtelten „foreach"-Konstruktion

Die Funktionalität bleibt von dieser Änderung unberührt. Es lässt sich erahnen, dass bei Verschachtelungen ab der dritten Ebene eine solche

Schreibweise unumstritten zum besseren Verständnis des Quellcodes führt.

Die Bindings if und ifnot

Das *if*-Binding dient dazu, Bedingungen abzubilden, um z. B. Bereiche in einer View je nach Zustand des ViewModels ein- bzw. auszublenden. Trifft die im *if*-Statement definierte Bedingung also zu, wird das damit umschlossene HTML-Markup angezeigt. Genau der umgekehrte Fall tritt beim *ifnot*-Binder ein. Hier wird der HTML-Markup angezeigt, wenn die Bedingung nicht erfüllt wird. Beide Binder werden anhand eines Beispiels in Listing 3.31 erklärt.

```
<div>
  <input type="checkbox" data-bind="checked: isChecked" />
</div>

<div data-bind="if: isChecked">
  <p>Das Alter der Person wurde geprüft!</p>
</div>
<div data-bind="ifnot: isChecked">
  <p>Vorsicht! Das Alter wurde nicht überprüft.</p>
</div>

<script>
  function PersonsViewModel() {
    this.isChecked = ko.observable(false);
  }
  ko.applyBindings(new PersonsViewModel());
</script>
```

Listing 3.31: Anzeige von HTML von „if" und „ifnot"

with-Binding

Mit dem *with*-Binding lässt sich der Binding-Kontext bestimmen, sodass die untergeordneten Elemente unter dem spezifizierten Kontext gebunden werden. Ein wenig erinnert dies an das Importieren von Namespaces innerhalb einer objektorientierten Programmiersprache wie Java oder C#.

Wie in Listing 3.32 gezeigt, kann innerhalb eines HTML-Elements der Objektkontext mit dem *with*-Binder verändert werden.

```
<h1>
  <span data-bind="text: lastName"></span>,
  <span data-bind="text: firstName"></span>
</h1>
<p data-bind="with: skills">
    Running: <span data-bind="text: running"> </span>,
    Cycling: <span data-bind="text: cycling"> </span>,
    Swimming: <span data-bind="text: swimming"> </span>
</p>
<script>
    ko.applyBindings({
        firstName: "Timm",
        lastName: "Bremus",
        skills: {
            running:  3,
            cycling: 5,
            swimming: 4
        }
    });
</script>
```

Listing 3.32: Veränderung des Binding-Kontexts innerhalb eines HTML-Elements

Es ist gut zu erkennen, dass innerhalb des *<p>*-Elements direkt auf die Eigenschaften des *skills*-Objekts zugegriffen werden kann, ohne dabei explizit auf dieses Objekt bzw. dessen Eigenschaften mittels *skills.running* zu verweisen.

3.6.3 Interaktion

In der Kategorie *Interaktion* sind alle Binder untergebracht, die benötigt werden, um Daten aus Eingabefeldern und Formularen auszulesen und Steuerelemente wie beispielsweise Schaltflächen mit Funktionalität zu versehen.

Die Bindings click, event und submit

Diese drei Bindings werden verwendet, um einem Formular Leben einzuhauchen und es mit Funktionalität zu bestücken.

Das *click*-Binding dient dem Binden einer Funktion innerhalb eines ViewModels an ein HTML-Element wie beispielsweise eine Schaltfläche. Veranschaulicht wird dies anhand eines einfachen Zählers, der über eine Schaltfläche gesteuert werden kann (Listing 3.33).

```html
<div>
    Zählerstand: <span data-bind="text: counter"></span>
</div>
<div>
  <input type="button"
    data-bind="click: counterUp" value="Hoch" />
  <input type="button"
    data-bind="click: counterDown" value="Runter" />
</div>

<script type="text/javascript">
    var viewModel = {
        counter : ko.observable(0),
        counterUp : function() {
            this.counter(this.counter() + 1);
        },
        counterDown : function() {
            this.counter(this.counter() - 1);
        }
    };

    ko.applyBindings(viewModel);
</script>
```

Listing 3.33: „click"-Binding am Beispiel eines Counters

Das in Listing 3.33 gezeigte Beispiel lässt sich auch mit dem *event*-Binding realisieren. Die Funktionalität bleibt bei geringfügig angepasstem HTML-Markup gleich (Listing 3.34).

```
<input type="button"
  data-bind="event: { click: counterUp }" value="Hoch" />

<input type="button"
  data-bind="event: { click: counterDown }" value="Runter"
  />
```

Listing 3.34: „event"-Binding am Beispiel eines Counters

Lediglich das Binding an die Schaltflächen muss etwas verändert werden. Statt die jeweilige Funktion zum Ändern des Zählers direkt über das *click*-Binding aufzurufen, wird der Funktionsaufruf an das *onclick*-Event der Schaltfläche gebunden. So kann an jedes verfügbare Event eines HTML-Elements eine Funktion gebunden werden.

Zuletzt soll noch das *submit*-Binding erklärt werden. Häufig wird eine Aktion in einer Anwendung dann ausgeführt, wenn ein Formular abgesendet wurde. Eine solche Aktion ist nicht direkt an eine Schaltfläche innerhalb eines Formulars gebunden, sondern an das Formular bzw. das *submit*-Event selbst. Wie eine Funktion innerhalb eines ViewModels an das *submit*-Event eines Formulars gebunden wird, zeigt Listing 3.35.

```
<form data-bind="submit: saveData">
    <label for="txtFirstName">Vorname:</label>
    <input id="txtFirstName"
      name="txtFirstName" type="text" />

    <label for="txtLastName">Nachname:</label>
    <input id="txtLastName"
      name="txtLastName" type="text" />

    <button type="submit">Speichern</button>
</form>

<script type="text/javascript">
    var viewModel = {
        saveData : function(formElement) {
            alert("Person: " +
                formElement.txtFirstName.value + " " +
                formElement.txtLastName.value);
        }
```

```
    };
    ko.applyBindings(viewModel);
</script>
```

Listing 3.35: Absenden eines Formulars mit dem „submit"-Binding

Der *submit*-Binder übermittelt automatisch das komplette Formular als JavaScript-Objekt an die jeweils gebundene Funktion im ViewModel. Damit kann sofort auf alle Daten im Formular zugegriffen werden, ohne diese separat an Eigenschaften binden zu müssen.

Die Bindings enable und disable

In diesem Buch wurde bereits erläutert, wie man mit Knockout Elemente auf einer Seite ein- bzw. ausblenden kann (*visible*-Binding). Was ist aber zu tun, wenn ein Eingabefeld angezeigt, aber schreibgeschützt dargestellt werden soll? Hierfür gibt es das *enable*- bzw. das *disable*-Binding. Listing 3.36 zeigt, wie mit einer Observable, die mit *true* oder *false* befüllt ist, ein Eingabefeld aktiviert bzw. deaktiviert wird.

```
<div>
  <input type="checkbox" data-bind="checked: fullAge" />
  Hiermit bestätige ich, dass ich älter als 18 Jahre bin.
</div>
<div>
  <input type="button" value="Kaufen"
    data-bind="enable: fullAge" />
</div>

<script type="text/javascript">
  var shopping = {
    fullAge: ko.observable(false)
  };

  ko.applyBindings(shopping);
</script>
```

Listing 3.36: Aktivieren bzw. Deaktivieren von Steuerelementen

Es wird eine Checkbox an eine Observable gebunden, die standardmäßig den Wert *false* speichert. Die Schaltfläche ist ebenfalls an diese Observable gebunden, allerdings mit dem Binder *enable*. Damit wird die Schaltfläche immer dann aktiviert, wenn auch die Checkbox aktiviert wurde. Ein umgekehrtes Verhalten würde man an dieser Stelle mit dem *disable*-Binding erreichen. In diesem Fall würde die Schaltfläche beim Aktivieren der Checkbox deaktiviert werden.

Die Bindings value und textInput

In diesem Kapitel wurde schon so oft das *value*-Binding verwendet, da wird es nun Zeit für eine ausführliche Erklärung. Zunächst kann man den Inhalt eines Eingabefelds auf zwei Arten an eine Observable binden:

- *value*-Binding: Bindet die Daten nach dem Verlust des Fokus
- *textInput*-Binding: Bindet die Daten nach jedem Tastendruck

Der Unterschied dieser beiden Bindings soll anhand eines Beispiels in Listing 3.37 verdeutlicht werden.

```
<div>
  <label for="firstName">Vorname</label>
  <input id="firstName" type="text"
    data-bind="value: firstName" />

  <label for="lastName">Nachname</label>
  <input id="lastName" type="text"
    data-bind="textInput: lastName" />
</div>
<div style="margin-top:30px;">
  Vorname: <span data-bind="text: firstName"></span>
</div>
<div>
  Nachname: <span data-bind="text: lastName"></span>
</div>

<script type="text/javascript">
  var person = {
    firstName: ko.observable(''),
    lastName: ko.observable('')
```

```
    };

    ko.applyBindings(person);
    </script>
```

Listing 3.37: Unterschied zwischen „value"- und „textInput"-Binding

Der Vorname wird mittels *value*-Binding an die Observable *firstName* gebunden. Damit werden die Werte dieser Eigenschaft im ViewModel nur dann aktualisiert, wenn der Fokus nicht mehr auf dem Eingabeelement steht. Der Nachname wird mit dem *textInput*-Binding an die Observable *lastName* gebunden. Der Wert der Eigenschaft ändert sich entsprechend nach jedem Tastendruck (Abb. 3.5).

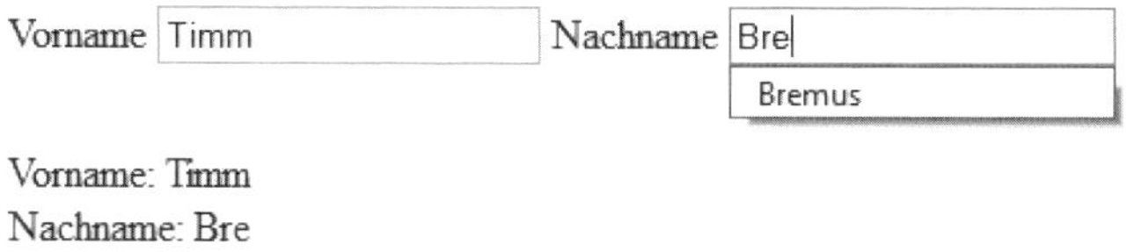

Abbildung 3.5: Unterschied zwischen „value"- und „textInput"-Binding

In der Regel ist das *value*-Binding vollkommen ausreichend und das Mittel der Wahl, wenn es um das Binden von Eigenschaften an ein Eingabefeld geht. In Ausnahmefällen, wie z. B. einer Autovervollständigung, Drag-and-Drop oder einer Kopie in die Zwischenablage ist das *textInput*-Binding zu verwenden. Es versteht sich von selbst, dass das *value*-Binding der deutlich performantere und sparsamere Binder ist.

checked-Binding

Um abzufragen, ob eine HTML-Checkbox aktiviert bzw. deaktiviert ist, benötigt man in Knockout einen speziellen Binder. Häufig wird zum Auslesen einer Checkbox das *value*-Binding verwendet. Dieses liefert auch einen Wert zurück, allerdings gibt dieser Wert keinen Aufschluss, ob das Steuerelement nun aktiviert oder deaktiviert ist. Hier kommt das *checked*-Binding ins Spiel, mit dem genau das möglich ist (Listing 3.38).

```
<div>
  <input type="checkbox"
    data-bind="value: content, checked: ageCheck" />
  Alter wurde geprüft!

  <input type="button" value="Aktivieren"
    data-bind="value: label, click: setAgeCheck" />
</div>
<div>
  Value der Checkbox: <span data-bind="text: content">
                                                  </span>
</div>

<script type="text/javascript">
  var person = function() {
    this.ageCheck = ko.observable(false);
    this.content = ko.observable('Altersprüfung');
    this.label = ko.observable('Aktivieren');
    this.setAgeCheck = function() {
      if(this.ageCheck() != true) {
        this.ageCheck(true);
        this.label('Deaktivieren');
      } else {
        this.ageCheck(false);
        this.label('Aktivieren')
      }
    };
  };

  ko.applyBindings(person);
</script>
```

Listing 3.38: Statusabfrage einer Checkbox mit Knockout

Im Beispiel wurde auch der Inhalt der Checkbox mit dem *value*-Binding abgefragt. Der Wert bleibt in jedem Fall immer *Altersprüfung* und verändert sich nicht. Ausschließlich die mit dem *checked*-Binding gebundene *ageCheck*-Eigenschaft verändert ihren Inhalt (Abb. 3.6).

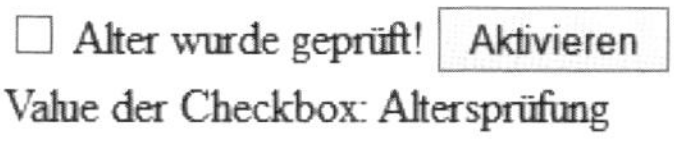

☐ Alter wurde geprüft! | Aktivieren |
Value der Checkbox: Altersprüfung

Abb. 3.6: Beispielapplikation für das Binden einer Checkbox

Die Bindings options und selectedOptions

Ebenfalls besonders betrachtet werden muss das Drop-down-Menü in Bezug auf die Datenbindung mit Knockout. Möchte man ein Drop-down-Menü mit Werten aus einem ViewModel befüllen, steht man vor der Frage, wie man Werte aus einem Observable Array in die Auswahl-liste des Menüs bindet.

 Niemals die Optionen eines HTML-Drop-down-Menüs über das *foreach*-Binding befüllen. Das würde dazu führen, dass die Optionen nicht ordnungsgemäß an das Menü gebunden und somit auch nicht korrekt abgefragt werden können.

Hier kommt der *options*-Binder ins Spiel. Listing 3.39 illustriert ein Beispiel, wie ein Drop-down-Menü initial mit Werten aus dem ViewModel befüllt werden kann.

```
<div>
  <select data-bind="options: persons, optionsText: 'name',
    optionsValue : 'id', value: 'selectedPerson',
    optionsCaption: 'Bitte auswählen...'"></select>
</div>

<script type="text/javascript">
  var Person = function(id, name) {
    this.id = id;
    this.name = name;
  };

  var personsViewModel = function() {
    this.persons = ko.observableArray([
      new Person(0, 'Timm Bremus'),
      new Person(1, 'Kevin Gerndt'),
      new Person(2, 'Bianca-Maria Nebel')
```

```
  ]);
  this.selectedPerson = ko.observable();
};
  ko.applyBindings(personsViewModel);
</script>
```

Listing 3.39: Binden von Optionen an ein Drop-down-Menü

Gut zu erkennen ist, dass der selektierte Wert wie gewohnt mit dem *value*-Binding ausgelesen werden kann. Das *options*-Binding stellt eine Vielzahl an Parametern zur Verfügung, die optional eingesetzt werden können, um die HTML-Ausgabe zu beeinflussen. In diesem Beispiel wurde explizit angegeben, welcher Wert der *Person*-Klasse im Drop-down-Menü angezeigt werden soll (*optionsText*) und mit welchen Werten intern gearbeitet wird (*optionsValue*). Mit dem Parameter *optionsCaption* wird ein Eintrag festgelegt, der angezeigt wird, wenn noch keine Option ausgewählt wurde.

 Alle verfügbaren Parameter für das *options*-Binding lassen sich in der offiziellen Dokumentation von Knockout nachlesen. Hier gibt es auch ausführliche Beispiele zu diesem Thema.

Etwas komplexer wird es, wenn eine Mehrfachauswahl zum Einsatz kommt. In diesem Fall können die selektierten Optionen nicht mehr mit dem *value*-Binder ausgelesen werden. Hierfür hält Knockout das *selectedOptions*-Binding bereit, das die ausgewählten Einträge eines Mehrfachauswahlfelds in ein Observable Array überträgt. Auch dieses Binding soll anhand eines Beispiels verdeutlicht werden (Listing 3.40).

```
<div>
  <select data-bind="options: persons,
    selectedOptions: selectedPersons" size="5"
    multiple="true"></select>
</div>
<div>
  <input type="button" data-bind="click: changeSelect"
    value="Auswahl ändern" />
</div>

<script type="text/javascript">
```

```
var personsViewModel = function() {
  this.persons = ko.observableArray([
    'Timm Bremus', 'Kevin Gerndt', 'Bianca-Maria Nebel'
  ]);
  this.selectedPersons = ko.observableArray([
    'Timm Bremus'
  ]);
  this.changeSelect = function() {
    this.selectedPersons.push('Kevin Gerndt');
  };
};

  ko.applyBindings(personsViewModel);
</script>
```

Listing 3.40: Mehrfachauswahl eines Drop-down-Menüs realisieren

hasFocus-Binding

Zugeben wird dieses Binding äußerst selten verwendet, es soll jedoch der Vollständigkeit halber kurz erwähnt werden. Mit dem *hasFocus*-Binding kann der Fokus auf ein Eingabefeld über das ViewModel gesteuert werden. Listing 3.41 zeigt, wie mit einer Schaltfläche ein Eingabefeld mit dem Fokus versehen werden kann.

```
<input data-bind="hasFocus: isSelected" />
<button data-bind="click: setIsSelected">
  Fokussieren
</button>
<span data-bind="visible: isSelected">
  The textbox has focus
</span>

<script>
  var focusViewModel = {
    isSelected: ko.observable(false),
    setIsSelected: function() { this.isSelected(true) }
  };

  ko.applyBindings(focusViewModel);
</script>
```

Listing 3.41: Fokussieren eines Eingabefelds mit Knockout

uniqueName-Binding

Das *uniqueName*-Binding sorgt dafür, dass das gebundene HTML-Element kein leeres *name*-Attribut hat. Wenn das jeweilige Element kein *name*-Attribut hat, füllt Knockout es automatisch mit einem eindeutigen Identifier.

Oft kommt man nicht in den Genuss, dieses Binding in einer Anwendung zu benutzen. Verwaltet man Daten innerhalb eines HTML-Formulars ohne Knockout, sondern vielmehr auf dem herkömmlichen Weg, sind Eingabeelemente mit einem eindeutigen *name*-Attribut unabdingbar. Knockout jedoch benötigt zur Verarbeitung und zur Datenbindung nicht zwingend ein *name*-Attribut am jeweiligen Eingabefeld.

Es gibt allerdings einige wenige Situationen, in denen man an einem korrekt befüllten *name*-Attribut eines HTML-Elements nicht vorbei kommt:

- Andere Frameworks, wie z. B. jQuery Validation, benötigen zur korrekten Funktion ein im Eingabefeld eindeutig vergebenes *name*-Attribut.

- Der Internet Explorer 6 erlaubt bei Radiobuttons ohne *name*-Attribut nicht, zu bestimmen, welche der Optionen gerade aktiviert ist. Es ist zwar sehr selten, dass ein Entwickler kein *name*-Attribut für Radiobuttons vergibt, denn sonst könnten sie nicht in Gruppen kategorisiert werden. Dennoch ist es möglich und auch valide. In diesem Fall muss auf das *uniqueName*-Binding von Knockout zurückgegriffen werden.

Zuletzt soll nicht versäumt werden, ein kurzes Beispiel anzuführen, wie das *uniqueName*-Binding innerhalb eines HTML-Elements zum Einsatz kommen kann (Listing 3.42).

```
<input data-bind="value: firstName, uniqueName: true" />
```

Listing 3.42: Einsatz des „uniqueName"-Bindings

3.6.4 Komponenten und Vorlagen

component-Binding

Mit dem *component*-Binding lassen sich Komponenten bzw. Markup-Fragmente in ein DOM-Element injizieren. Komponenten in Knockout sind ein komplexes Thema und werden deshalb in einem späteren Kapitel gesondert erläutert und behandelt. An dieser Stelle soll ausschließlich das *component*-Binding erklärt werden, das benötigt wird, um eine Komponente an ein DOM-Element zu binden.

Das Zurückgreifen auf eine Komponente ist zum Beispiel beim Binden von Rich Text an einen WYSIWYG-Editor sinnvoll. Die meisten Editoren verfügen nicht über ein Standardeingabefeld, an das man den komplexen Text binden kann. Es muss also eine Lösung gefunden werden, wie man an ein DOM-Element Markup binden und es gleichzeitig mit Eigenschaften aus dem ViewModel anreichern kann. Aber auch einfache Szenarien, zum Beispiel ein Eingabefeld, das die Anzahl der eingetragenen Zeichen ausgibt, können über eine Komponente realisiert und damit wiederverwendbar gemacht werden. Listing 3.43 zeigt, wie das *component*-Binding zu verwenden ist und wie eine Komponente implementiert und verwendet wird.

```
<h4>Neues Ehepaar</h4>
<div data-bind="component: 'limit-field'"></div>
<div data-bind="component {
  name: 'limit-field',
  params: { initFirstName: 'Bianca-Maria',
            initLastName: 'Nebel' }
}"></div>

<script type="text/javascript">
  function PersonViewModel(params) {
    this.firstName = ko.observable(params &&
                     params.initFirstName || '');
    this.lastName = ko.observable(params &&
                     params.initLastName || '');
  }

  ko.components.register('limit-field', {
```

```
viewModel: PersonViewModel,
template: "<div class='row'><label>Vorname:</label>" +
          "<input data-bind='textInput: firstName' />" +
          "Länge: <span data-bind='text:
          firstName().length'></span></div>" +w
          "<div><label>Nachname:</label>" +
          "<input data-bind='textInput: lastName' />" +
          "Länge: <span data-bind='text:
          lastName().length'></span></div>"
});

    ko.applyBindings();
</script>
```

Listing 3.43: Binden kompletter HTML-Fragmente mittels „component"-Binding

 Natürlich ist dieses Beispiel sehr vereinfacht, um den Rahmen dieses Buchs nicht zu sprengen. In realistischen Anwendungsszenarien werden das ViewModel und das Template in eigene Dateien ausgelagert. Damit bleiben diese Fragmente auch wiederverwendbar.

In diesem Beispiel ist eine Komponente sinnvoll, da über ein Formular zwei Personen desselben Typs eingegeben werden müssen und so eine Codedoppelung verhindert wird (Abb. 3.7).

Neues Ehepaar

| Vorname: | | Länge: 0 |
| Nachname: | | Länge: 0 |

| Vorname: | Bianca-Maria | Länge: 12 |
| Nachname: | Nebel | Länge: 5 |

Abb. 3.7: Realisierung eines Eingabeformulars mit einer Komponente

Mittels des *component*-Bindings kann ein eigens implementiertes Steuerelement anwendungsweit wiederverwendet werden und ist sogar in andere Projekte übertragbar.

template-Binding

Mit dem *template*-Binding lassen sich komplette HTML-Fragmente in ein DOM-Element einsetzen. Templates werden in der Regel in eigene Dateien ausgelagert, sind somit wiederverwendbar und speichereffizient. In Knockout wird zwischen zwei Template-Arten unterschieden:

- *Native Templates*: Diese Art des Templatings ist bereits in Knockout integriert. Es ist also keine zusätzliche Bibliothek notwendig, um ein Template auf diese Weise einzusetzen. Native Templates unterstützten die Standard-Fluss-Bindings wie *foreach, if* oder *with*, die direkt im Template interpretiert werden.

- *Textbasierte Templates*: In diesem Fall wird Knockout mit einer externen Templating Engine verbunden (z. B. jquery.tmpl oder Underscore). Die Eigenschaften des ViewModels werden an die externe Engine übergeben, die dann den Markup rendert und ihn an Knockout zurückgibt.

Zuerst einmal sollen die nativen Templates und die zahlreichen Möglichkeiten der integrierten Engine erläutert werden. Die wohl einfachste Art, ein Template einzusetzen, zeigt Listing 3.44.

```html
<h2>Dreikampf</h2>
<div data-bind="template: { name: 'sport-template',
  data: sport1 }"></div>
<div data-bind="template: { name: 'sport-template',
  data: sport2 }"></div>
<div data-bind="template: { name: 'sport-template',
  data: sport3 }"></div>

<script type="text/html" id="sport-template">
  <h3 data-bind="text: name"></h3>
  <div>Dauer: <span data-bind="text: duration"></span>
    Minuten
</script>

<script type="text/javascript">
  function TriathlonViewModel() {
    this.sport1 = { name: 'Schwimmen', duration: 30 };
    this.sport2 = { name: 'Radfahren', duration: 120 };
```

```
    this.sport3 = { name: "Laufen", duration: 60 };
  }

  ko.applyBindings(new TriathlonViewModel());
</script>
```

Listing 3.44: Rendern eines Templates anhand eines Bezeichners

Ein Template wird innerhalb eines *<script>*-Tags definiert. Damit der darin enthaltene Markup nicht von der JavaScript Engine des Browsers interpretiert wird, ist es wichtig, den Block mit dem *type*-Attribut und dem Wert *text/html* zu versehen. Mit dem *template*-Binding wird dann das Template mit der angegebenen ID gesucht und die mit *data* angegebenen Daten werden injiziert. Es bleibt noch zu erwähnen, dass das Template auch in eine separate Datei ausgelagert werden kann. So kann es im Browser-Cache zwischengespeichert werden und beschleunigt alle zukünftigen Ladevorgänge der Anwendung.

Das *template*-Binding bietet viele optionale Optionen, die diesen Binder sehr mächtig machen. An dieser Stelle soll näher auf die *foreach*-Option eingegangen werden. Listing 3.45 verdeutlicht, wie die Stärken eines Templates mit der *foreach*-Option zur Geltung kommen.

```html
<h2>Dreikampf</h2>
<div data-bind="template: { name: 'sport-template',
  foreach: units }"></div>

<script type="text/html" id="sport-template">
  <h3 data-bind="text: name"></h3>
  <div>Dauer: <span data-bind="text: duration"></span>
    Minuten
</script>

<script type="text/javascript">
  function TriathlonViewModel() {
    this.units = [
      { name: 'Schwimmen', duration: 30 },
      { name: 'Radfahren', duration: 120 },
      { name: 'Laufen', duration: 60 }
    ]
```

```
}

ko.applyBindings(new TriathlonViewModel());
</script>
```

Listing 3.45: Verwendung eines Templates mit der „foreach"-Option

Das Beispiel ähnelt sehr dem aus Listing 3.44. Nun muss aber das Template nicht mehr für jede Sportart bzw. jeden Datensatz platziert werden, sondern wird mit der *foreach*-Option so oft auf dem Bildschirm ausgegeben wie Elemente in der Collection im ViewModel sind.

Selbstverständlich ist es mit dem *template*-Binding auch möglich, Aliase zu vergeben und damit die kontextbezogenen Objekte abzufragen (Abschnitt *foreach*-Binding). Listing 3.46 zeigt, wie in Objekten enthaltene Unterobjekte über das *template*-Binding und vergebene Aliase ausgegeben werden können.

```
<h2>Trainingseinheiten</h2>
<div data-bind="template: { name: 'sport-template',
  foreach: units, as: 'unit' }"></div>

<script type="text/html" id="sport-template">
  <li>
    <strong data-bind="text: name"></strong>
    <ul data-bind="template { name: 'date-template',
      foreach: dates, as: 'date' }"></ul>
  </li>
</script>

<script type="text/html" id="date-template">
  <li>
    <span data-bind="text: date"></span>
  </li>
</script>

<script type="text/javascript">
  function TriathlonViewModel() {
    this.units = [
      { name: 'Schwimmen',
        dates: [ '26.01.2015', '29.01.2015' ] },
```

```
    { name: 'Radfahren',
      dates: [ '27.01.2015', '30.01.2015' ] },
    { name: 'Laufen',
      dates: [ '28.01.2015', '28.01.2015', '31.01.2015' ]
  }
    ]
  }

  ko.applyBindings(new TriathlonViewModel());
</script>
```

Listing 3.46: Verschachteltes Templating mit kontextbezogenen Aliasen

Denkbar wäre es, innerhalb des *date-template*-Templates auf Daten der übergeordneten Einheit, wie beispielsweise dem Namen, über den Alias zuzugreifen. Somit könnte auch zu jeder ausgegebenen Zeit noch einmal die Sportart mit ausgegeben werden (*data-bind='text: unit.name'*).

Knockout bietet auch eine Möglichkeit, ein Template, das zur Datenanzeige verwendet werden soll, dynamisch zu bestimmen. Im Beispiel aus Listing 3.47 wird für eine Laufeinheit ein anderes Template verwendet als für eine Radeinheit. Diese Unterscheidung wird dynamisch durchgeführt, da die Datenbasis lediglich ein Observable Array mit beiden Einheitstypen ist.

```
<style>
  .running { color: green; }
  .cycling { color: blue; }
</style>

<div data-bind="template: { name: templateType,
  foreach: units, as: 'unit' }"></div>

<script type="text/html" id="running-template">
  <li class="running">
    <strong data-bind="text: name"></strong>
  </li>
</script>

<script type="text/html" id="cycling-template">
  <li class="cycling">
```

```
    <strong data-bind="text: name"></strong>
  </li>
</script>

<script type="text/javascript">
  var SportViewModel = {
    units: ko.observableArray([
      { name: ko.observable('Laufen'), distance: 21.0 },
      { name: ko.observable('Radfahren'), distance: 180.0 },
      { name: ko.observable('Radfahren'), distance: 90.0 }
    ]),
    templateType: function(unit) {
      if(unit.name() == "Laufen") {
        return "running-template";
      } else {
        return "cycling-template";
      }
    }
  }
  ko.applyBindings(SportViewModel);
</script>
```

Listing 3.47: Dynamisches Auswählen eines Templates

Zuletzt soll noch das Zusammenspiel zwischen Knockout und der Templating Engine *jQuery.tmpl* erläutert werden. Diese Art des Templatings fällt unter die Rubrik „textbasierte Templates".

 Das jQuery.tmpl-Templates-Plug-in ist kostenlos im Netz erhältlich: *https://github.com/BorisMoore/jquery-tmpl*. Das jQuery.tmpl-Plug-in ist unter der MIT-Lizenz veröffentlicht und damit auch in kommerziellen Projekten frei nutzbar.

Der Vorteil einer Templating Engine ist ein deutlich schlankerer HTML-Code im Template selbst. Durch die Kennzeichnung von Kontrollstrukturen und Variablen durch eine eigene Syntax wird die Lesbarkeit des Markups verbessert, und die Templates lassen sich auch z. B. mit AngularJS oder anderen Frameworks ohne weiteren Anpassungsaufwand wiederverwenden.

Beim Einbinden der Bibliotheken ist im Fall der Nutzung von jQuery.tmpl zu beachten, dass zuerst jQuery, dann jQuery.tmpl und am Schluss Knockout eingebunden wird. Somit ist sichergestellt, dass alle Komponenten zur richtigen Zeit geladen sind und bereitstehen.

```html
<script src="jquery-1.11.2.min.js"></script>
<script src="jquery.tmpl.min.js"></script>
<script src="knockout-3.2.0.js"></script>

<div data-bind="template: 'unit-template'"></div>

<script type="text/html" id="unit-template">
  {{each units}}
    <li>
      <span>${name}</span>
      (<span>${duration}</span> Minuten)
    </li>
  {{/each}}
</script>

<script type="text/javascript">
  var UnitViewModel = {
    units: ko.observableArray([
      { name: "Laufen", duration: 60 },
      { name: "Radfahren", duration: 120 },
      { name: "Radfahren", duration: 100 }
    ])
  };

  ko.applyBindings(UnitViewModel);
</script>
```

Listing 3.48: Templating mit jQuery.tmpl und Knockout

Leider kann die Templating Engine jQuery.tmpl in diesem Buch nicht detailliert erläutert werden. Aus diesem Grund wird an dieser Stelle auf die offizielle Dokumentation verwiesen.

3.6.5 Binding-Kontext

Der Binding-Kontext wurde bereits im Kapitel *foreach*-Binding als auch im Kapitel *with*-Binding erwähnt. In diesem Abschnitt soll noch einmal näher auf ihn eingegangen werden.

Der Binding-Kontext ist ein Objekt, das von einem Binding referenziert wird und innerhalb des Bindings Informationen und Daten bereithält. Bei jedem Binding, das von Knockout vorgenommen wird, wird automatisch ein Binding-Kontext referenziert.

Der Ausgangspunkt und somit die oberste Ebene der Binding-Kontext-Hierarchie ist die Referenz zum ViewModel, das mit *ko.applyBindings()* definiert wurde. Jedes Mal, wenn dann innerhalb des Binding-Kontexts des ViewModels ein Binding vorgenommen wird, das wiederum Subbindings enthalten kann (z. B. *with*- oder *foreach*-Binding), wird ein weiterer Binding-Kontext erstellt bzw. referenziert. So entsteht eine verschachtelte Hierarchie von Kontexten, auf die dezidiert zugegriffen werden kann.

Zugegeben, mag diese Beschreibung des Binding-Kontexts auf den ersten Blick etwas verwirrend sein. Aus diesem Grund soll seine Funktionsweise in Abbildung 3.8 noch einmal illustriert werden. In der untersten Ebene, dem *foreach*-Binding, sollen Informationen eines Arbeitnehmers angezeigt werden (in diesem Fall der Name *name*). Der Binding-Kontext des *foreach*-Bindings hält diese Information aber nicht bereit. Also muss der Name des Arbeitnehmers aus dem Binding-Kontext des ViewModels bezogen werden, der über *$parent.$parent* angesteuert wird.

Weiterhin wird die jeweilige Position des Managers in der Collection, also der Index, innerhalb des *foreach*-Bindings ausgegeben. Auf den Index des aktuellen Objekts wird mit *$index* zugegriffen.

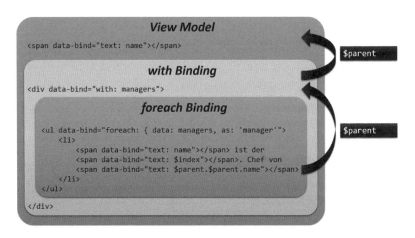

Abb. 3.8: Verwendung des Binding-Kontexts über mehrere Ebenen

Selbstverständlich gibt es neben dem *$parent* und *$index* noch weitere Eigenschaften, die vom Binding-Kontext zur Verfügung gestellt werden. Die wichtigsten sollen im Folgenden kurz erläutert werden:

- *$parent*: Das View-Model-Objekt der nächsten übergeordneten Ebene. Auf oberster Ebene ist dieses Objekt *undefined*.

- *$parents*: Dieses Objekt hält ein Array mit allen überordneten View-Models bereit.

- *$root*: Das Objekt verweist auf die oberste Ebene und somit auf das an die View gebundene ViewModel, das mit *ko.applyBindings()* definiert wurde.

- *$data*: Hält das ViewModel aus dem aktuellen Kontext bereit. Auf oberster Ebene sind *$data* und *$root* gleich und stellen die gleichen Informationen zur Verfügung.

- *$index*: Dieses Objekt ist lediglich innerhalb eines *foreach*-Bindings verfügbar und gibt die aktuelle Position im Array zurück.

 Weitere Eigenschaften des Binding-Kontexts können in der offiziellen Dokumentation nachgeschlagen werden: *http://knockoutjs. com/documentation/binding-context.html*.

3.7 Custom Bindings

Es lässt sich erahnen, dass man mit den von Knockout mitgelieferten Bindings nur einen Grundbausatz zur Verfügung hat, an dem man sich bedienen kann. Diverse Anwendungsfälle machen es jedoch erforderlich, ein bestehendes Binding entweder zu erweitern oder eine komplett neue Funktionalität zu definieren. Genau an dieser Stelle kommen die in Knockout möglichen Custom Bindings ins Spiel.

Deklaration und Anwendung

Wie ein Custom Binding deklariert wird, zeigt Listing 3.49.

```
ko.bindingHandlers.yourBindingName = {
  init: function(element, valueAccessor, allBindings,
               viewModel, bindingContext) {
  },
  update: function(element, valueAccessor, allBindings,
                 viewModel, bindingContext) {
  }
};
```

Listing 3.49: Deklaration eines Custom Bindings

Die innerhalb des *init*-Callbacks definierte Funktion wird einmalig dann aufgerufen, wenn das Binding an ein Element gebunden wird. Hier wird z. B. ein initialer Status definiert, ein Event Handler registriert oder es werden andere Aktionen durchgeführt, die beim ersten Binding für die Funktionalität wichtig sind.

Die Funktion innerhalb des *update*-Callbacks wird ebenfalls beim Binden an ein Element aufgerufen, aber auch jedes Mal dann, wenn sich der Status einer gebundenen Observable verändert.

Nachdem das Custom Binding spezifiziert wurde, kann es verwendet werden, wie in Listing 3.50 gezeigt.

```
<div data-bind="yourBindingName: someValue"></div>
```

Listing 3.50: Binden eines Custom Bindings an ein Element

Zugegeben, zu Beginn wird es dem einen oder anderen schwerfallen, sich ein Szenario vorzustellen, bei dem ein Custom Binding zum Einsatz kommen könnte. Aus diesem Grund sollen im Folgenden zwei konkrete Beispiele aufgezeigt und die Mechanik hinter einem Custom Binding näher erläutert werden.

Die Bibliothek jQuery UI bietet viele Steuerelemente, die in zahlreichen Webanwendungen zum Einsatz kommen.

 jQuery UI ist eine kostenlose Erweiterung für das JavaScript-Framework jQuery und unter folgender Adresse verfügbar: *http://jqueryui. com*. Die Bibliothek bietet nicht nur nützliche Steuerelemente, sondern auch zahlreiche Effekte und vorgefertigte Interaktionen.

An dieser Stelle soll der Button näher betrachtet werden. Üblicherweise wird der jQuery-UI-Button mit der Anweisung *$("#btnSave").button();* initialisiert. Eleganter wäre es jedoch, diese Initialisierung mit einem eigenen Knockout Binder zu realisieren. Listing 3.51 zeigt, wie mit einem Custom Binding eine Schaltfläche initialisiert werden kann.

```
<button data-bind="click: save,
  jqButton: { icons: { primary: 'ui-icon-disk' } }">
  Speichern
</button>

<script>
  ko.bindingHandlers.jqButton = {
    init: function(element, valueAccessor) {
      var options = valueAccessor() || {};
      $(element).button(options);
    }
  };

  var viewModel = {
    save: function() { alert('Speichern'); }
  };

  ko.applyBindings(viewModel);
</script>
```

Listing 3.51: Custom Binding für einen jQuery-UI-Button

In diesem Beispiel wird nur eine Funktion innerhalb des *init*-Callbacks definiert. Der *update* Callback wird in diesem Fall nicht benötigt und kann weggelassen werden. Beim ersten Binden des Custom Bindings *jqButton* wird die Methode innerhalb des *init*-Callbacks aufgerufen und dort die notwendige Konfiguration der Schaltfläche mittels jQuery vorgenommen. Die Variable *element* beinhaltet in diesem Fall die Instanz des gebundenen DOM-Elements, die Variable *valueAccessor* hingegen beinhaltet das Konfigurationsobjekt.

Die Grundlage für ein etwas komplexeres Beispiel bietet der jQuery UI Date Picker. Das Auslesen und Setzen eines Datums ist leider mit keinem Standard-Binding in Knockout möglich. Auch hierfür wird ein Custom Binding benötigt, das Listing 3.52 illustriert.

```
<input data-bind="datepicker: myDate,
   datepickerOptions: { minDate: new Date() }" />

<button data-bind="click: setToCurrentDate">
Set To Current Date</button>

<div data-bind="text: myDate"></div>

<script>
  ko.bindingHandlers.datepicker = {

    init: function(element, valueAccessor,
    allBindingsAccessor) {
      // initialize datepicker with some optional options
      var options =
                allBindingsAccessor().datepickerOptions ||
      {};
      $(element).datepicker(options);

      // handle the field changing
      ko.utils.registerEventHandler(element, "change",
      function () {
        var observable = valueAccessor();
        observable($(element).datepicker("getDate"));
      });

      // handle disposal
```

```
  ko.utils.domNodeDisposal.addDisposeCallback(element,
  function() {
    $(element).datepicker("destroy");
  });
},
// update the control when the ViewModel changes
update: function(element, valueAccessor) {
  var value = ko.utils.unwrapObservable(valueAccessor());
  $(element).datepicker("setDate", value);
}
};

var viewModel = {
  myDate: ko.observable(new Date("11/01/2011")),
  setToCurrentDate: function() {
    this.myDate(new Date());
  }
};

  ko.applyBindings(viewModel);
</script>
```

Listing 3.52: Custom Binding für einen jQuery UI Date Picker

Dieses Custom Binding behandelt drei Aspekte im Umgang mit dem Date Picker:

- Initialisierung des jQuery UI Date Pickers mit optionaler Konfiguration
- Definition des Verhaltens beim Ändern des Datums über den Picker (UI) mit einem eigenen Event Handler
- Definition des Verhaltens beim Ändern des Datums im ViewModel

Diese drei Aspekte sind typisch für ein Custom Binding, und es gilt, sie immer wieder zu behandeln, wenn ein editierbares Control an Knockout angebunden werden soll.

3.8 Components

Komponenten sind in Knockout ein mächtiges Werkzeug, um den UI-Markup klar und strukturiert zu halten. Sie dienen dazu, wiederverwendbare Komponenten zu kapseln, um sie entweder mehrfach in einer Anwendung zum Einsatz kommen zu lassen oder sie in eine andere Applikation zu übertragen und dort einzusetzen.

Komponenten in Knockout können …

- … eigene Steuerelemente, Assistenten oder Programmsektionen abbilden.
- … ihre eigene View und optional auch ihr eigenes ViewModel enthalten.
- … im Voraus oder auch asynchron nachgeladen werden.
- … Parameter übergeben bekommen und Werte zurückgeben.
- … verschachtelt und vererbt werden.
- … einfach extrahiert und in anderen Projekten wiederverwendet werden.

Komponenten sind besonders in großen Applikationen ein echter Zugewinn. Sie kapseln nicht nur wiederverwendeten Code und verbessern die Lesbarkeit des Markups, sie verbessern auch die Performance der kompletten Anwendung und verkürzen die Ladezeiten einzelner Seiten. Das wird unter anderem durch das Caching der ausgelagerten Komponenten in separate Dateien erzielt. Der Browser lädt die Komponente nur einmal vom Server und bezieht sie danach immer wieder aus dem Cache. Somit lässt sich unnötiger Datenverkehr mit dem Webserver vermeiden.

3.8.1 Registrierung

Ein leichter Einstieg in die Thematik gelingt mit einem Beispiel. In Listing 3.53 wird eine Komponente definiert und mit der Anweisung *ko.components.register* schließlich registriert.

```
<script type="text/javascript">
  ko.components.register('event-widget', {
    viewModel: function(params) {
      this.participation =
        ko.observable(params && params.inital || '');

      this.participate = function() {
        this.participation('Teilnahme'); }.bind(this);

      this.cancel = function() {
        this.participation('Absage'); }.bind(this);
    },
    template:
'<div data-bind="visible: !participation()">\
  <button data-bind="click: participate">Teilnahme
                                          </button>\
  <button data-bind="click: cancel">Absage</button>\
  </div>\
  <div data-bind="visible: participation">\
    Ihr Status: <span data-bind="text: participation">
                                          </span>\
  </div>'
  });

  ko.applyBindings();
</script>
```

Listing 3.53: Definition und Registrierung einer Komponente

3.8.2 Binding einer Komponente

Nachdem eine Komponente mittels Knockout registriert ist, kann sie über die Datenbindung z. B. an ein Containerelement gebunden werden. Wie einfach das ist, zeigt Listing 3.54.

```
<h2>Sport Gala Wiesbaden</h2>
<div data-bind='component: "event-widget"'></div>

<h2>Pressekonferenz Olympia 2015</h2>
<div data-bind='component: "event-widget"'></div>
```

```
<h2>IRONMAN European Championship Frankfurt</h2>
<div data-bind='component: "event-widget"'></div>
```

Listing 3.54: Mehrfache Platzierung einer Komponente innerhalb der View

Hierbei wurde die Komponente mit dem *component*-Binding innerhalb
der View platziert. Es gibt noch einen weiteren Weg, eine Komponente auf den Bildschirm zu bringen: die Custom Elements. Diese Variante
wird in einem der folgenden Abschnitte besprochen und erklärt.

Abbildung 3.9 illustriert mehrere gleichartige Komponenten bzw. Funktionalitäten innerhalb einer View. Dank der Kapselung dieser Logik in
eine Komponente bleibt das HTML-Markup schlank und verständlich
und die Ladezeit der kompletten Seite überschaubar.

Sport Gala Wiesbaden

Ihr Status: Teilnahme

Pressekonferenz Olympia 2015

Ihr Status: Absage

IRONMAN European Championship Frankfurt

| Ich nehme teil | Ich nehme nicht teil |

Abb. 3.9: In einer Komponente gekapselte, mehrfach genutzte Funktionalität

Es versteht sich von selbst, dass man die in Listing 3.54 gezeigte Kompo-
nentenplatzierung noch weiter auflösen und verbessern kann. Zudem ist
die bisherige Implementierung wenig dynamisch. In Listing 3.55 werden
hierzu ein ViewModel und eine Entität *Event* implementiert, die die dynamische Pflege der verfügbaren Veranstaltungen ermöglicht.

```
function Event(name) {
  this.name = name;
  this.participation = ko.observable();
}

function EventsViewModel() {
```

```
this.events = [
  new Event('Sport Gala Wiesbaden'),
  new Event('Pressekonferenz Olympia 2015'),
  new Event('IRONMAN European Championship Frankfurt')
  ];
}

ko.applyBindings(new EventsViewModel());
```

Listing 3.55: JavaScript-Code zur dynamischen Platzierung von Komponenten

Im Anschluss ist nur noch das HTML-Markup etwas anzupassen. Welche Änderungen im Gegensatz zum Markup in Listing 3.54 vorzunehmen sind, veranschaulicht Listing 3.56.

```
<ul data-bind="foreach: events">
  <li class="event">
    <h2 data-bind="text: name"></h2>
    <div data-bind='component: "event-widget"'></div>
  </li>
</ul>
```

Listing 3.56: Markup zur dynamischen Platzierung von Komponenten

Das Ergebnis ist nun nahezu das gleiche wie in der ersten Version des Beispiels. Nun werden die Komponenten aber nicht mehr manuell in der View platziert, sondern dynamisch anhand der im ViewModel zugrunde liegenden Collection von Veranstaltungen.

3.8.3 Auslagern von ViewModel und Template

Natürlich ist es wenig effizient, das ViewModel und das Template einer Komponente auf jeder Seite zu implementieren. Das Template und das ViewModel könnten vom Browser wesentlich besser zwischengespeichert und die Ladezeiten der Seite optimiert werden, wenn diese beiden Fragmente in jeweils eigene Dateien ausgelagert werden würden. Zudem ist es auch nur dann möglich, die Komponente auf mehreren Seiten oder gar in weiteren Projekten zu verwenden.

Die Krone kann man dem Ganzen aufsetzen, indem man einen Module Loader zum Einsatz bringt. Das folgende Beispiel stützt sich auf das unter der MIT-Lizenz veröffentlichte RequireJS.

 RequireJS ist ein kostenloser und frei verfügbarer Module Leader, der unter *http://requirejs.org/* bezogen werden kann. RequireJS sorgt dafür, dass externe Dateien nur bei Bedarf vom Webserver bezogen werden. Damit reduziert sich der Datenverkehr auf ein Minimum und die Anwendung kann in Rekordzeiten geladen und angezeigt werden.

Das im Kapitel 1.8.2 gezeigte Beispiel soll nun im folgenden Schritt so angepasst werden, dass sowohl das ViewModel als auch das Template der Komponente mittels RequireJS geladen werden. Zuerst ist das HTML-Markup in der View anzupassen (Listing 3.57).

```
<head>
  <script type="text/javascript" data-main="main.js"
    src="require.js"></script>
</head>
<body>
  <ul data-bind="foreach: events">
    <li class="event">
      <h2 data-bind="text: name"></h2>
      <div data-bind='component: "event-widget"'></div>
    </li>
  </ul>
  <button data-bind="click: addEvent">
    Neue Veranstaltung
  </button>
</body>
```

Listing 3.57: Initialisierung von RequireJS und Anzeige der Veranstaltungen

Besonders erwähnenswert ist, dass lediglich die Datei *require.js* in die View eingebunden wird. Alle weiteren JavaScript-Dateien und -Bibliotheken werden fortan mit RequireJS bei Bedarf nachgeladen. Weiterhin wird mittels des Attributs *data-main* die *main.js* als Start- bzw. erster Einstiegspunkt der Anwendung definiert (Listing 3.58).

```
require.config({
  paths: {
    'knockout': 'knockout-3.2.0', // -> knockout-3.2.0.js
    'viewModel': 'EventsViewModel', // -> EventsViewModel.js
    'text': 'text' // -> text.js
  }
});

require(['knockout', 'viewModel', 'text'], function(ko, vm)
{
  ko.components.register('event-widget', {
    viewModel: { require: 'component-event-widget' },
    template: { require: 'text!component-event-widget.html'
  }
  });

  ko.applyBindings(new vm());
});
```

Listing 3.58: Konfiguration von RequireJS und Initialisierung des ViewModels

Innerhalb der *main.js* wird die Konfiguration von RequireJS vorgenommen. Alle JavaScript-Dateien und -Bibliotheken, die im Laufe des Lebenszyklus der View verwendet werden bzw. werden können, sind hier anzuführen. Die Dateiendung **.js* kann an dieser Stelle eingespart werden, lediglich der Pfad und der Dateiname müssen angegeben werden.

 Die für RequireJS verfügbare Erweiterung *text.js* wird benötigt, um das in der Datei *component-event-widget.html* befindliche Markup interpretieren zu können.

Im zweiten Teil wird dann die Komponente registriert und anschließend werden alle Knockout Bindings angewendet. Wichtig ist, dass diese beiden Anweisungen innerhalb der *require*-Funktion ausgeführt werden, denn nur dort stehen Knockout und das ViewModel zur Verfügung bzw. werden von RequireJS nachgeladen. Die *require*-Funktion ermöglicht ebenso das Nachladen des ViewModels (*component-event-widget.js*) sowie des Templates (*component-event-widget.html*) innerhalb der Komponentenregistrierung.

Das Template für eine Komponente, das seinen Ursprung in einer externen Datei hat, muss immer mit der Erweiterung *text.js* geladen werden. Vor die Angabe des Dateinamens zum Template ist das Präfix *text!* zu setzen, damit diese Datei auch mit *text.js* geladen wird.

Das ViewModel der Komponente wird in der *component-event-widget.js* definiert (Listing 3.59).

```
define(['knockout'], function(ko) {
  function EventWidgetViewModel(params) {
    this.participation =
      ko.observable(params && params.inital || '');
  }

  EventWidgetViewModel.prototype.participate = function() {
    this.participation('Teilnahme');
  };

  EventWidgetViewModel.prototype.cancel = function() {
    this.participation('Absage');
  };

  return EventWidgetViewModel;
});
```

Listing 3.59: ViewModel der Veranstaltungskomponente

Auch in dieser Datei muss die Abhängigkeit zur Knockout-Bibliothek angezeigt werden. Das geschieht über die Funktion *define*, die nicht nur Knockout vom Webserver bezieht, sondern gleichzeitig auch die Variable *ko* als Knockout-Objekt instanziiert. Nachdem das ViewModel definiert wurde, wird es über *prototype* um die Funktionen *participate* und *cancel* erweitert.

Jedes Objekt in JavaScript leitet sich von *prototype* ab. Da es in JavaScript keine Klassen, sondern nur Konstruktorfunktionen gibt, kann eine Klassenstruktur über *prototype* abgebildet werden. Nähere Informationen finden sich unter *http://www.w3schools.com/js/ js_object_prototypes.asp.*

Weniger spektakulär ist das Template der Komponente, das in die Datei *component-event-widget.html* ausgelagert wurde. Es enthält ausschließlich HTML-Markup, das für die Darstellung der Komponente benötigt wird (Listing 3.60).

```
<div data-bind="visible: !participation()">
  <button data-bind="click: participate">Teilnahme</button>
  <button data-bind="click: cancel">Absage</button>
</div>
<div data-bind="visible: participation">
  Ihr Status: <span data-bind="text: participation"></span>
</div>
```

Listing 3.60: HTML-Markup des Templates der Komponente

Betrachtet man nun noch einmal die Datei *main.js*, wird man feststellen, dass ganz zum Schluss innerhalb der Funktion *require* noch das Knockout-Binding vorgenommen wird (*ko.applyBindings*). Auch das eigentliche ViewModel der View ist in eine externe Datei ausgelagert worden, welche mit RequireJS nachgeladen wird (*EventsViewModel.js*). Die Funktion *require* stellt neben dem *ko*-Objekt auch die Klasse *EventsViewModel* als Variable *vm* zur Verfügung, die man dann instanziieren und mittels *ko.applyBindings* an die View binden kann.

Öffnet man nun die View und analysiert den Netzwerkverkehr mit dem Browser, wird man feststellen, dass die Dateien *component-event-widget.js* und *component-event-widget.html* vorerst nicht vom Webserver angefordert werden. Erst nachdem das erste Mal auf die Schaltfläche Neue Veranstaltung geklickt wurde, werden die fehlenden Dateien nachgeladen. Im Übrigen werden auch Knockout und *text.js* nachgeladen. Da diese Dateien aber unmittelbar nach dem Aufrufen der View benötigt werden, werden sie auch sofort geladen.

 Im Internet Explorer können die Entwicklertools mit der Taste F12 geöffnet werden. In Firefox hingegen empfiehlt sich ein separates Plug-in mit dem Namen „Firebug". Beide Tools ermöglichen die Überwachung des Netzwerkverkehrs.

3.8.4 Custom Elements

Ein nützliches Feature, das Knockout in Bezug auf Komponenten bereithält, sind die Custom Elements. Sie bieten einen eleganten Weg, Komponenten in die View zu injizieren. Custom Elements sind die syntaktische Alternative zum *component*-Binding.

 Es ist unbedingt darauf zu achten, dass Custom Elements niemals selbstschließende Tags sind. *<event-widget />* wäre demnach kein gültiges Custom-Element.

Listing 3.61 veranschaulicht, wie ein bisher eingesetztes *component*-Binding durch ein Custom-Element ersetzt werden kann.

```
<!-- Injektion durch component-Binding -->
<div data-bind='component: { name: "event-widget",
  params: { name: "Sportlerball" } }'></div>

<!-- Injektion durch Custom Element -->
<event-widget params='name: "Sportlerball"'></event-widget>
```

Listing 3.61: Vergleich zwischen „component"-Binding und Custom Element

Auf den ersten Blick fällt sofort auf, dass die Injektion einer Komponente mittels eines Custom Elements deutlich übersichtlicher realisiert werden kann.

Man könnte sich nun fragen, ob diese Art der Komponenteninjektion auch bei älteren Browsern funktioniert. Zunächst sei angemerkt, dass alle HTML5-Browser (z. B. Internet Explorer ab Version 9) Custom Elements problemlos unterstützen. Bei älteren Browsern muss sichergestellt sein, dass die Komponentenregistrierung vor dem ersten Custom Element im Markup abgehandelt sein muss. Andernfalls muss die Komponente vor dem ersten Auftreten des Custom Elements mit *document.createElement('event-widget')* angemeldet werden.

Mehr ist an dieser Stelle auch nicht zu tun. Bleibt noch zu erwähnen, dass natürlich auch über ein Custom Element diverse Parameter in die Komponente übergeben werden können. Hierfür wird das Attribut *params* verwendet und darin eine kommagetrennte Liste von Key-Value-Paaren definiert (Listing 3.61).

3.9 Best Practices

Nachdem nun die technischen Grundlagen zu Knockout behandelt wurden, soll es im letzten Kapitel um die Dos and Don'ts im Umgang mit Knockout gehen.

3.9.1 ko.utils – Versteckte Helfer

Knockout bietet neben einem hervorragenden Binding-Mechanismus auch verschiedene Helferfunktionen an, die jedoch leider in der offiziellen Dokumentation nicht behandelt werden. Knockout selbst nutzt diese Funktionen zum Abbilden der eigenen Funktionalität. Jeder Entwickler und Konsument von Knockout kann diese Funktionen nutzen.

In den folgenden Abschnitten sollen die wichtigsten Funktionen kurz erklärt und anhand von Beispielen erläutert werden. Die Funktionen verstecken sich hinter dem Namespace *ko.utils*.

Aufgrund von Unwissenheit und dem geringen Bekanntheitsgrad der Utility-Funktionen von Knockout wird in kleineren Webprojekten zumeist jQuery unnötig eingebunden. Viele Szenarien können mit den

Utility-Funktionen implementiert werden und machen das zusätzliche Einbinden von jQuery überflüssig.

Empfang von Daten

Meist erhält man vom Webserver auf Anfrage ein valides JSON-Objekt als Antwort zurück. Es kann aber durchaus vorkommen, dass der zurückgelieferte Datenstrom nicht als Objekt erkannt und automatisch konvertiert wird, sodass dieser Schritt manuell erfolgen muss. Für dieses Szenario bietet Knockout die Funktion *ko.utils.parseJson* an, die einen herkömmlichen String in ein JSON-Objekt parst.

```
var jsonString = '{"firstName":"Timm","lastName":"Bremus"}';
var json = ko.utils.parseJson(jsonString);
```

Listing 3.62: Manuelles Parsen eines JSON-Strings mit Knockout

Senden von Daten

Möchte man ein ViewModel im Gesamten an einen Webserver senden, wird man schnell feststellen, dass dies ohne eine Konvertierung nicht möglich ist. Da das ViewModel ein JavaScript-Objekt mit Knockout-Eigenschaften ist und der Webserver lediglich JSON entgegennehmen kann, ist vor dem Senden der Daten an den Webserver eine Konvertierung vorzunehmen. An dieser Stelle könnte auf *JSON.stringify* zurückgegriffen werden, das eine standardmäßige Funktion von JavaScript ist. Man wird jedoch schnell feststellen, dass diese Funktion die Observables eines ViewModels nicht konvertieren, sondern überspringen wird. Da Knockout Observables im Grunde genommen einfache JavaScript-Funktionen sind, werden sie nicht als Eigenschaften erkannt und somit bei der Generierung des JSON-Objekts auch nicht berücksichtigt.

An dieser Stelle kommen die Funktionen *ko.toJS* und *ko.toJSON* ins Spiel. Sie stellen eine Lösung für das oben beschriebene Problem dar und konvertieren auch Observables und Observable Arrays eines ViewModels in herkömmliche Eigenschaften und verpacken sie anschließend in das JavaScript- bzw. JSON-Objekt. Bleibt noch zu erwähnen, dass beim Aufruf der *ko.toJSON*-Methode zuerst das ViewModel mittels *ko.toJS* in ein herkömmliches JavaScript-Objekt und anschließend dann in ein JSON konvertiert wird.

Arbeiten mit Arrays

Komfortabel mit Arrays arbeiten, das ist für clientseitige Entwickler oft ein Fremdwort. Knockout bietet viele Funktionen, die das Arbeiten mit Arrays deutlich effizienter und angenehmer machen.

Eine einfache, aber hilfreiche Funktion ist *ko.utils.arrayForEach*. Diese Funktion iteriert über ein Array und stellt bei jedem Durchlauf das jeweilige Element bereit.

 Die Funktionalität von *ko.utils.arrayForEach* ist das Pendant zur in jQuery enthaltenen Funtion *$.each*.

Innerhalb des ViewModels in Listing 3.63 ist eine Computed Observable implementiert, die mittels der Methode *ko.utils.arrayForEach* die Summe aller Elemente im Array berechnet.

```
var viewModel = {
  this.income = ko.observableArray([20, 30]),
  this.total = ko.computed(function() {
    var total = 0;
    ko.utils.arrayForEach(this.items(), function(item) {
      var value = parseInt(item);
      total += value;
    });
    return total;
  }
};
```

Listing 3.63: Anwendung der „ko.utils.arrayForEach"-Methode

Praktisch ist auch die Funktion *ko.utils.arrayFilter*, die es ermöglicht, ein Array zu filtern. Listing 3.64 zeigt, wie eine Teilmenge eines Arrays zurückgegeben und so beispielsweise ein Autovervollständigen-Feld realisiert werden kann. Ebenfalls zum Einsatz kommt in Listing 3.64 die

Funktion *ko.utils.stringStartsWith*, die ermittelt, ob ein String die entsprechenden Anfangsbuchstaben hat.

```
var viewModel = {
  this.filter = ko.observable();
  this.names = ko.observableArray(["Timm", "Timo",
                                            "Bianca"]),
    this.fiteredItems = ko.computed(function() {
      var filter = this.filter();
      if(!filter) {
        return this.names();
      } else {
  return ko.utils.arrayFilter(this.names(), function(name) {
    return ko.utils.stringStartsWith(item.name(), filter);
  });
    }
  }
};
```

Listing 3.64: Anwendung der „ko.utils.arrayFilter"-Methode

 Die Funktion *ko.utils.stringStartsWith* wird in der minimierten Version von Knockout nicht bereitgestellt, da sie auch einfach über den Standard von JavaScript abgebildet werden kann.

Als letzte wichtige Funktion im Hinblick auf das Arbeiten mit Arrays soll *ko.utils.arrayFirst* erläutert werden. Genau wie mit *ko.utils.arrayFilter* lassen sich mit dieser Funktion bestimmte Elemente im Array finden. Genauer gesagt, findet die Funktion *ko.utils.arrayFirst* das erste Element, das dem Suchkriterium entspricht. Nützlich ist die Funktion beispielsweise dann, wenn man innerhalb einer Liste eine Suche anbietet, die die gefundenen Elemente nicht eingrenzt (so wie bei einem Autovervollständigen-Feld), sondern das gefundene Element lediglich markiert. Listing 3.65 stellt dies anhand eines einfachen Beispiels dar.

```
var viewModel = {
  this.search = ko.observable();
```

```
this.names = ko.observableArray(["Timm", "Timo",
                                          "Bianca"]),
this.firstMatch = ko.computed(function() {
  var search = this.search();
  if(!search) {
    return null;
  } else {
return ko.utils.arrayFirst(this.names(), function(name) {
  return ko.utils.stringStartsWith(item.name(), search);
});
  }
  }
};
```

Listing 3.65: Anwendung der „ko.utils.arrayFirst"-Methode

3.9.2 Mapping Plug-in

Knockout bietet die Möglichkeit, ein ViewModel zu implementieren, das zahlreiche Observables oder Observable Arrays enthält, und diese dann an eine View zu binden.

In den häufigsten Fällen muss ein ViewModel bzw. müssen dessen Eigenschaften mit Daten befüllt werden, die von einem Webserver bezogen werden. Da ein Webserver keine Knockout-konformen Observables zurückgibt, sondern maximal die Informationen als reines JavaScript-Objekt (z. B. JSON) bereitstellen kann, müssen die vom Webserver bezogenen Objekte manuell den Observables im ViewModel zugewiesen werden. Dieser zusätzliche Zuweisungsaufwand bleibt bei einer Handvoll Eigenschaften noch überschaubar. Häufig haben ViewModels jedoch deutlich mehr Eigenschaften, was den Code für die Zuweisung zunehmend aufbläht und das gesamte ViewModel unübersichtlich wirken lässt.

 Das *ko.mapping*-Plug-in kann von der offiziellen Knockout-Seite bezogen werden. Es muss zusätzlich nach der Knockout-Bibliothek eingebunden werden.

Genau für diese Problematik hat das Team von Knockout eine Lösung in Form eines Plug-ins entwickelt: das *ko.mapping*-Plug-in. Bevor jedoch diesem Plug-in größere Aufmerksamkeit geschenkt wird, soll betrachtet werden, wie ein ViewModel ohne diesen kleinen Helfer definiert und mit Daten aus dem Web Service befüllt wird (Listing 3.66).

```
// (1) Define a ViewModel with observable properties
var userViewModel = {
  firstName: ko.observable(),
  lastName: ko.observable(),
};

// (2) Fetch the user data from the server with a jQuery
// method like $.getJSON or $.ajax
var data = getDataFromServer();

// (3) Update the ViewModel with the data from the server
userViewModel.firstName(data.firstName);
userViewModel.lastName(data.lastName);
```

Listing 3.66: Befüllen eines ViewModels mit Serverdaten

Nun sollen die Arbeitsschritte aus Listing 3.66 vereinfacht und mit dem *ko.mapping*-Plug-in abgebildet werden. Wie in Listing 3.67 gut zu erkennen, werden nur noch die Daten vom Webserver benötigt, die dann der Methode *ko.mapping.fromJS* übergeben werden. Diese Methode generiert aus den vom Webserver empfangen Daten (JSON-Objekten) ein Knockout-konformes ViewModel.

```
// (1) Fetch the user data from the server with a jQuery
// method like $.getJSON or $.ajax
var data = getDataFromServer();

// (2) Initialize the ViewModel
var userViewModel = ko.mapping.fromJS(data);

// (3) Update the ViewModel with the data from the server
ko.mapping.fromJS(data, userViewModel);
```

Listing 3.67: Automatische Generierung und Aktualisierung eines ViewModels

Sollte der Webserver einen JSON-String zurückgeben, der nicht in ein JavaScript-Objekt deserialisiert werden kann, ist für das korrekte Mapping die Methode *ko.mapping.fromJSON* zu verwenden.

Schaut man nun in die Zukunft und somit in Richtung Praxis, wird man schnell feststellen, dass ein mit dem *ko.mapping*-Plug-in generiertes View-Model alleine selten alltagstauglich ist. Es besteht zumeist die Notwendigkeit, es mit eigenen Methoden und Eigenschaften anzureichern. Aus diesem Grund soll anhand eines komplexeren Beispiels erläutert werden, wie genau dies erreicht werden kann.

Im folgenden Anwendungsfall werden Daten von einem Web Service bezogen, der die Lohnabrechnungen dreier Mitarbeiter in Form von JSON zurückgibt (Listing 3.68).

```
{"Persons":[
  {"firstName": "Timm", "lastName": "Bremus", "Payslips":[
    { "date": "01.01.2015", "basic": 2900, "extra": 0 },
    { "date": "01.02.2015", "basic": 2900, "extra": 50 },
    { "date": "01.03.2015", "basic": 2900, "extra": 230 }
  ]},
  {"firstName": "Kevin", "lastName": "Gerndt", "Payslips":[
    { "date": "01.01.2015", "basic": 2600, "extra": 100 },
    { "date": "01.02.2015", "basic": 2600, "extra": 0 },
    { "date": "01.03.2015", "basic": 2600, "extra": 210 }
  ]},
  {"firstName": "Bianca", "lastName": "Nebel", "Payslips":[
    { "date": "01.01.2015", "basic": 3100, "extra": 0 },
    { "date": "01.02.2015", "basic": 3100, "extra": 0 },
    { "date": "01.03.2015", "basic": 3100, "extra": 120 }
  ]}
]}
```

Listing 3.68: JSON-String eines Web Services

Innerhalb der View, in der die Daten angezeigt werden sollen, wird der Web Service abgefragt und die Daten werden dem Konstruktor des ViewModels übergeben (Listing 3.69).

```html
<ul data-bind="foreach: Persons">
  <li>
    <span data-bind="text: firstName"></span>
    <span data-bind="text: lastName"></span>
    <ul data-bind="foreach: Payslips">
      <li>
        <span data-bind="text: date"></span>:
        <span data-bind="text: sum"></span> EUR
      </li>
    </ul>
  </li>
</ul>

<script src="jquery.js"></script>
<script src="knockout-3.2.0.js"></script>
<script src="knockout.mapping.js"></script>
<script src="viewModels.js"></script>
<script>
  $.getJSON("persons.txt", function (data) {
    var viewModel = new PersonViewModel(data);
    ko.applyBindings(viewModel);
  });
</script>
```

Listing 3.69: HTML-Markup und JavaScript-Code für Gehaltsabrechnungen

Das ViewModel selbst wird dann mit dem *ko.mapping*-Plug-in generiert (Listing 3.70).

```javascript
var mapping = {
  "Payslips": {
    create: function (options) {
      return new PayslipViewModel(options.data);
    }
  }
};

var PayslipViewModel = function (data) {
  var self = this;
  ko.mapping.fromJS(data, {}, self);
  self.sum = ko.pureComputed(function () {
    return self.basic() + self.extra();
```

```
  });
};

var PersonViewModel = function (data) {
  var self = this;
  ko.mapping.fromJS(data, mapping, self);

  self.save = function() {
    alert("Daten gespeichert!")
  };
};
```

Listing 3.70: ViewModel für das Binden von Gehaltsabrechnungen

Neben den eigentlichen Daten wird der *ko.mapping.fromJS*-Methode zudem ein Mapping-Objekt mitgegeben, das das automatische Mapping der *Payslips* gesondert regelt, sowie die Instanz des ViewModels, in die die Eigenschaften generiert werden sollen. Mit dem gesonderten Mapping-Objekt ist es möglich, die Gehaltsabrechnungen innerhalb des ViewModels auch noch einmal in ein eigenes ViewModel *PayslipView-Model* zu verpacken. Das wiederum ermöglicht das Bilden einer Summe aus dem Basislohn und dem Bonus, die nicht über den Web Service zurückgegeben wird.

 Welche Möglichkeiten das *ko.mapping*-Plug-in noch bietet, kann in der offiziellen Dokumentation von Knockout nachgeschlagen werden. Das Plug-in ist zwar als Third-Party-Plug-in ausgeschrieben, wird aber trotzdem vom Knockout-Entwicklungsteam unterstützt und empfohlen.

3.9.3 Datenkontext

Eine klassische SPA setzt sich meist aus drei Komponenten zusammen:

- mit HTML und CSS3 umgesetzte View
- an die View gebundenes ViewModel
- Web Service, der die Anwendungsdaten (Model) persistiert und bereitstellt

Wie und wo implementiert man nun aber die Schnittstelle zwischen serverseitigen und clientseitigen Daten? Die meisten Entwickler beziehen die Daten vom Webserver, kurz bevor sie das ViewModel an die View binden oder wenn sie im ViewModel eine Aktion ausführen. Häufig wird dann auf jQuery zurückgegriffen, und die *$.getJSON*-Methode kommt zum Einsatz (Listing 3.71).

```
<script src="UserViewModel.js"></script>
<script>
  $(function() {
    $.getJSON("http://.../getUser?id=1" , function (data) {
      var viewModel = new UserViewModel(data);
      ko.applyBindings(viewModel);
    });
  });
</script>
```

Listing 3.71: Abrufen von Daten und Binden eines ViewModels

Eleganter wäre es doch, wenn man den Zugriff auf den Webserver in eine eigene JavaScript-Klasse auslagert und damit einen Datenkontext zur Verfügung stellt, der den Zugriff auf Webserver und Daten regelt und kapselt.

Die nun folgenden Listings beschreiben, welche Komponenten hierzu notwendig sind und wie das Beispiel aus Listing 3.71 abgewandelt werden muss, um einen Datenkontext zum Einsatz zu bringen.

Zuerst muss eine Basisklasse implementiert werden, von der jeder Datenkontext innerhalb der Anwendung ableitet. Diese Basisklasse definiert eine abstrakte Methode zur Abfrage von Daten eines Webservers mittels der *$.ajax*-Methode von jQuery (Listing 3.72).

```
window.simpleApp = window.simpleApp || {};
window.simpleApp.datacontextbase = (function () {
  var datacontextbase = {
    ajaxRequest: ajaxRequest,
  };

  return datacontextbase;
```

```
function ajaxRequest(type, url, data, dataType) {
  var options = {
    dataType: dataType || "json",
    contentType: "application/json",
    cache: false,
    type: type,
    data: data ? data : null,
    async: true
  };

  return $.ajax(url, options);
  }
})();
```

Listing 3.72: Basisklasse für den Datenkontext

Von dieser Basisklasse wird im Anschluss der eigentliche Datenkontext abgeleitet, der für jede Web-Services-Methode, die von der View aus angesteuert wird, eine eigene Zugriffsmethode definiert und zur Verfügung stellt (Listing 3.73).

```
window.simpleApp.datacontext = (function (context) {
  var datacontext = {
      getUser: getUser
  };
  return datacontext;

  // Zugriffsmethoden
  function getUser(id) {
    return context.ajaxRequest("GET", getGetUserUrl(id));
  }

  // Routen
  function getGetUserUrl(id) {
    return "http://.../GetUser?id=" + id }
})(window.labchemrequest.datacontextbase);
```

Listing 3.73: Definition eines Datenkontexts mit zugehörigen Routen

Die Routen zu den eigentlichen Web-Service-Methoden werden ebenfalls im Datenkontext definiert und somit an einer zentralen Stelle gepflegt.

Anschließend kann der Datenkontext im ViewModel oder auch direkt in der View verwendet werden (Listing 3.74).

```
<script src="UserViewModel.js"></script>
<script>
  $(function() {
    window.simpleApp.datacontext.getUser(id)
    .done(function (data) {
      var viewModel = new UserViewModel(data);
      ko.applyBindings(viewModel);
    });
  });
</script>
```

Listing 3.74: Initiales Befüllen des ViewModels mit Daten aus dem Datenkontext

Die Klassen, die im Ergebnis den Datenkontext abbilden, wurden mittels JavaScript Prototypes realisiert. Eine detaillierte Einführung in das Thema Prototypen gibt es auf folgender Webseite: *http://www.w3schools.com/ js/js_object_prototypes.asp*

3.9.4 Validierung

Es hat einen speziellen Grund, warum das Thema *Validierung* erst in den Best Practices behandelt wird. Knockout bringt im Kern keine wirkliche Funktionalität zur Validierung von Eingabedaten mit. Man ist in diesem Fall entweder auf sich alleine gestellt und entwickelt sich eine eigene Logik, oder aber man greift, wie schon im Fall des Mapping-Plug-ins, auf eine Fremdbibliothek zurück.

In diesem Buch soll die Bibliothek *Knockout-Validation*, die sich am Markt als führend erwiesen hat, genauer unter die Lupe genommen werden.

 Die Bibliothek ist unter der MIT-Lizenz veröffentlicht worden und damit auch in kommerziellen Projekten frei einsetzbar: *https://github. com/Knockout-Contrib/Knockout-Validation*

Um die Funktionen der *Knockout-Validation*-Bibliothek für ViewModels verfügbar zu machen, reicht es aus, die schlanke JavaScript-Datei direkt in Knockout einzubinden.

Die Bibliothek soll anhand einer vereinfachten Benutzerregistrierung näher erläutert werden. Zu Beginn wird die View erstellt, die zwei Eingabeelemente zur Eingabe einer E-Mail-Adresse und eines Passworts beinhaltet (Listing 3.75). Beide Felder sollen als Pflichtfelder deklariert werden. Zudem muss das Passwort mindestens drei Zeichen beinhalten und die E-Mail-Adresse muss gültig sein.

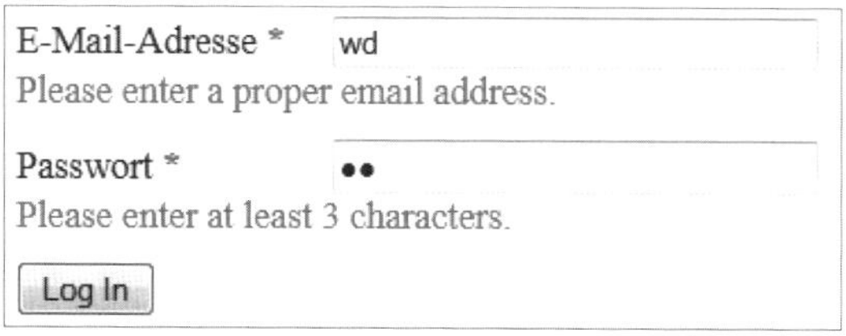

Abb. 3.10: Formular zur Validierung von Eingabedaten

```
<style>
  .validationMessage {
    color: red;
    display: block;
    margin-bottom: 10px;
  }
</style>  .

<div>
  <label>E-Mail-Adresse <span class="req">*</span></label>
  <input type="text" data-bind="value: email" />
</div>

<div>
  <label>Passwort <span class="required">*</span></label>
  <input type="password" data-bind="value: password" />
</div>

<button data-bind="click: register">Log In</button>
```

Listing 3.75: HTML- und CSS-Markup der Registrierung-View

Die CSS-Klasse *validationMessage*, die hier innerhalb der *<style>*-Sektion definiert wurde, taucht vorerst im HTML-Markup nicht auf. Zur Laufzeit wird beim Verstoß gegen eine Validierungsregel unterhalb des Eingabefelds ein *<span>*-Container gerendert, der dann wiederum die Validierungsnachricht beinhaltet (Abb. 3.10).

Das dazugehörige ViewModel (Listing 3.76) kommt gewohnt schlank daher. Die enthaltenen Observables wurden lediglich um die entsprechenden Validierungsregeln erweitert. Hierbei wird auf die ohnehin schon bekannte *extend*-Methode zurückgegriffen, innerhalb derer aber nun vorgefertigte Validierungen zur Verfügung stehen.

```
<script>
  var viewModel = function() {
    var self = this;
    self.email = ko.observable()
                   .extend({ required: true, email: true });

    self.password = ko.observable()
                      .extend({ required: true, minLength: 3 });

    self.register = function() {
      if(self.email.isValid() && self.password.isValid()) {
        alert("Registrierung erfolgreich!");
      } else {
        alert("Registrierung fehlgeschlagen!");
      }
    };
  };

  ko.applyBindings(new viewModel());
</script>
```

Listing 3.76: ViewModel mit Validierungslogik

Weitere Handgriffe sind, was den Einbau von Validierungslogik in ein ViewModel angeht, nicht zu tun. Die Methode *isValid* zur Überprüfung der Gültigkeit wird jeder Observable automatisch hinzugefügt. *Knockout-Validation* lässt sich auch problemlos lokalisieren. Entsprechende Sprachpakete stehen auf der offiziellen Webseite bereit.

Es muss nicht jede Observable einzeln auf ihre Gültigkeit geprüft werden. *Knockout-Validation* bietet eine *ko.validatedObservable* an, mit deren Hilfe alle im ViewModel enthaltenen Observables gleichzeitig überprüft werden können. Nähere Informationen hierzu finden sich in der offiziellen Dokumentation der Bibliothek.

Die folgende Aufzählung listet die wichtigsten nativen Validierungsregeln:

- Pflichtfeld: *ko.observable().extend({required: true });*
- Mindestwert: *ko.observable().extend({ min: 2 });*
- Maximalwert: *ko.observable().extend({ max:99 });*
- Mindestlänge: *ko.observable().extend({ minLength: 2 });*
- Maximallänge: *ko.observable().extend({ maxLength: 20 });*
- E-Mail-Adresse: *ko.observable().extend({ email: true });*

 Weitere native Validierungsregeln sowie die Möglichkeit zur Definition eigener Validierungen werden auf der offiziellen Dokumentation von *Knockout-Validation* beschrieben.

4 AngularJS

4.1 Einführung

Die JavaScript Library AngularJS, die von Google entwickelt wird, setzt auf klassische MVC-Technologie und ist ein vollwertiges Framework zur Erstellung von SPAs. AngularJS kommt ohne unterstützende Bibliotheken aus, inkludiert aber eine abgespeckte jQuery-Version namens jqLite. Diese dient als Fallback, da AngularJS intern jQuery-Funktionen verwendet. Ist zusätzlich eine andere jQuery-Version eingebunden, wird diese verwendet. Ein weiteres besonderes Merkmal von AngularJS ist die gute Testbarkeit, beispielsweise durch Unit-Tests. Der Einsatz von AngularJS ist immer dann sinnvoll, wenn zwischen verschiedenen Ansichten auf einer Webseite hin und her gesprungen werden soll, ohne dass ein Postback erfolgt. Ein klassisches Beispiel ist eine Webshopanwendung. Benutzer wollen auf einer Artikelübersichtsseite Details zu einem bestimmten Produkt anzeigen lassen. Diese Aktion ist bei herkömmlichen Webseiten stets mit einem Neuladen der Seite verbunden. Anders würde das Szenario mit einer auf AngularJS basierenden Webapplikation aussehen. Technologien wie Templating und Partial-Page Rendering ermöglichen es, nur bestimmte Teile einer Seite auszutauschen. Zusätzlich benötigte Daten können von Web-Service-Schnittstellen, beispielsweise mithilfe von AJAX, bezogen werden. So lassen sich unter Zuhilfenahme von AngularJS schnell und effizient hochwertige SPAs mit gut strukturierter Codebasis entwickeln. In diesem Kapitel werden der grundsätzliche Aufbau einer AngularJS-Anwendung und alle notwendigen Komponenten, die für die Entwicklung einer SPA notwendig sind, Schritt für Schritt erklärt.

4.2 Projektvorbereitung

Die Entwicklung einer SPA, basierend auf AngularJS, ist theoretisch gesehen mit jedem Texteditor möglich. Um jedoch in den Genuss von arbeitserleichternden Funktionen wie Intellisense oder Syntax Highlighting zu kommen, empfiehlt sich der Einsatz einer professionellen IDE. In den gezeigten Beispielen wird auf die Entwicklungsumgebung Microsoft Visual Studio 2013 zurückgegriffen. Alternativ kann der Texteditor Sublime Text, der ebenfalls über zahlreiche nützliche Entwicklungsfeatures verfügt, eingesetzt werden.

 Visual Studio 2013 Ultimate kann kostenlos als 90-Tage-Trial-Version von der Webseite *http://www.visualstudio.com/* bezogen werden. Für einen maximalen Entwicklungskomfort auf höchster Effizienzstufe empfiehlt es sich, das kostenlose Visual Studio Add-on Task Runner Explorer zu installieren. Dieses lässt sich von der Webseite *https://visualstudiogallery.msdn.microsoft.com/* herunterladen und ermöglicht das Erstellen von eigenen Build Steps, beispielsweise für das Minifizieren von CSS- oder JavaScript-Dateien.

Als Ausgangsbasis dient eine ASP.NET-MVC-Anwendung, die den Vorteil bietet, dass zu einem späteren Zeitpunkt Web Services (Web APIs) schnell hinzugefügt werden können, welche die AngularJS-Anwendung mit Daten versorgen. Des Weiteren lassen sich Features wie etwa „Bundling" einfach verwenden. Da bei der Entwicklung einer SPA rasch große Mengen an JavaScript-Code und Markup anfallen, ist es durchaus sinnvoll, sich im Vorfeld Gedanken zu machen, wie Inhalte übersichtlich strukturiert werden können. Hierzu gibt es prinzipiell zwei Paradigmen. Der erste Ansatz wird in Listing 4.1 dargestellt. Die gezeigte Struktur ist dem ein oder anderen wahrscheinlich aus der klassischen Webentwicklung bekannt. Bei dieser Variante erfolgt die Aufgliederung der Dateien nach Typ, also Controller zu Controller, Direktiven zu Direktiven usw.

```
app/
    animations/
    controllers/
```

```
directives/
filters/
images/
styles/
libraries/
partials/
services/
app.js
```

Listing 4.1: Projektstruktur – gegliedert nach Typ

Es gibt keine grundsätzliche Vorgabe, bis zu welcher Projektgröße diese Struktur gewählt werden sollte. Erfahrungsgemäß ist es aber sinnvoll, ab ca. acht bis zehn Ansichten auf die in Listing 4.2 gezeigte Strukturierung zurückzugreifen. Bei diesem Modell erfolgt eine Gliederung der Dateien nach Funktion. So sind beispielsweise alle Dateien, die für die Darstellung der Startseite benötigt werden, im Verzeichniss *home* gruppiert.

```
app/
    home/
      home.html
      controller.js
      service.js
    register/
      register.html
      controller.js
      service.js
    login/
      login.html
      controller.js
      service.js
```

Listing 4.2: Projektstruktur – gegliedert nach Funktion

Einige der gezeigten Ordnerbezeichnungen wie etwa *images*, *libraries* und *styles* sind schlüssig und aus der Entwicklung klassischer Webseiten bekannt. Andere wiederum mögen dem AngularJS-Neuling sicherlich fremd erscheinen und werden in den verschiedenen Folgekapiteln zu einem späteren Zeitpunkt näher erläutert. Um mit der Entwicklung der ersten AngularJS-Anwendung beginnen zu können, muss zunächst die notwendige JavaScript Library heruntergeladen oder via CDN-Link eingebunden werden.

Die AngularJS Core Library steht in zwei Dateivarianten zur Verfügung:

- *angular.js*: Version für die Entwicklung von Anwendungen, nicht minifiziert

- *angular.min.js*: Minifizierte Version, für den Einsatz in Produktivumgebungen

Neben dem eigentlichen AngularJS-Kern besteht das Framework noch aus optionalen Zusatzkomponenten, die für bestimmte Funktionalitäten benötigt werden. Diese sind stets nach der eigentlichen Kernbibliothek zu inkludieren.

- *angular-animate.js*: Beinhaltet JavaScript-Funktionen für die Unterstützung von Animationen

- *angular-cookies.js* Ein praktischer Wrapper für das Lesen und Schreiben von Browser-Cookies

- *angular-resources.js* Stellt den *$resource*-Service für die Interaktion mit RESTful Web Services bereit

- *angular-route.js*: Diese Komponente wird für die Unterstützung von Routing in AngularJS-Anwendungen benötigt

- *angular-sanitize.js*: Beinhaltet Funktionen für das Filtern von HTML-Tags

- *angular-touch.js*: Stellt Touch-Events und Hilfsfunktionen für den Umgang mit TouchDevices bereit

AngularJS lässt sich entweder von der Webseite *http://angularjs.org/* herunterladen oder via CDN-URL *https://ajax.googleapis.com/ajax/libs/angularjs/1.3.14/angular.min.js* direkt in die Anwendung einbinden. Noch einfacher ist die Installation von AngularJS in eine Visual Studio Solution mittels des NuGet-Package-Manager-Konsolenaufrufs *Install-Package angularjs -Version 1.3.14*. Der Vorteil der letztgenannten Variante besteht darin, dass unmittelbar alle AngularJS-Frameworkkomponenten in dem Projekt zur Verfügung stehen. Des Weiteren ist eine Aktualisierung der

Dateien ebenfalls einfach mittels NuGet-Package-Manager-Konsole möglich.

 Bei NuGet handelt es sich um eine freie Paketverwaltung für das .NET Framework, die als Visual-Studio-Erweiterung erhältlich ist. Die NuGet Package Manager Console lässt sich über das Menü TOOLS | LIBRARY PACKAGE MANAGER | PACKAGE MANAGER CONSOLE aufrufen. Alternativ kann die Konsole auch über die Tastenabfolge ALT + T + N + O gestartet werden.

In der JavaScript-Datei *app.js*, die den Einstiegspunkt der App darstellt, ist nach dem Einbinden der AngularJS-Bibliothek anschließend ein Modul, sozusagen der Namensraum der SPA, zu definieren, wie in Listing 4.3 dargestellt. Dieses Modul dient später als Container für sämtliche Komponenten der Kernanwendung, wie etwa Controller oder Services.

```
var myApp = angular.Module("myApp", []);
```

Listing 4.3: Initialisieren eines AngularJS-Moduls

Eine einfache AngularJS-Anwendung kommt jedoch sogar völlig ohne JavaScript aus, wie in Listing 4.4 gezeigt wird. Der Markup-Code kann entweder in einer normalen HTML-Datei, oder aber in einer MVC-View abgelegt werden. Ausschlaggebend dafür, dass die AngularJS-Anwendung funktioniert, ist die im *<Body>*-Tag platzierte *ng-app*-Direktive. Diese gibt an, dass der Bereich unterhalb des Elements, in dem die Direktive platziert wurde, eine AngularJS-App ist, und löst den AngularJS-Bootstrapping-Prozess aus, der vereinfacht gesagt zum Initialisieren der Anwendung dient. Bei der Entwicklung einer neuen SPA IST es sinnvoll, die *ng-app*-Direktive entweder im *<Body>*- oder im *<HTML>*-Tag zu platzieren. Soll hingegen eine bestehende Anwendung punktuell durch AngularJS-Features erweitert werden, lässt sich auch jedes andere HTML-Element mit der *ng-app*-Direktive versehen. Darüber hinaus besteht die Möglichkeit, den Bootstrapping-Prozess manuell durch den Aufruf der Methode *angular.bootstrap(document, ["myApp"]* auszulösen.

```
<!DOCTYPE html>
<html>
    <head>
        <script type="text/javascript"
            src="https://ajax.googleapis.com/ajax/libs/
                angularjs/1.3.14/angular.min.js">
        </script>

        <script type="text/javascript"
            src="app.js">script>
    </head>


    <body ng-app ng-init="appTitle='My first AngularJS
                                            app';">
        <h1>{{appTitle}}</h1>
    </body>
</html>
```

Listing 4.4: HTML-Markup für eine einfache AngularJS-Anwendung

Funktioniert alles wie angedacht, sollte ein Aufruf der entsprechenden HTML-Seite das in Abbildung 4.1 gezeigte Ergebnis liefern.

Abb. 4.1: Die erste AngularJS-Anwendung

4.3 Datenbindung

Unter Datenbindung, beziehungsweise Data Binding, versteht man in AngularJS die automatische Synchronisierung zwischen einem Model und seiner View oder mehreren Views. Wer schon einmal mit jQuery oder einem anderen JavaScript-Framework DOM-Operationen durchgeführt hat, um beispielsweise Daten, die von einem Web Service bereitgestellt werden, in der Oberfläche anzuzeigen, wird die Datenbindung in AngularJS schnell zu schätzen lernen. Dank dieses Features lassen sich jede Menge Code und Aufwände einsparen, beziehungsweise an anderer Stelle besser investieren. Anders als bei vielen anderen SPA-Framworks wird in AngularJS kein ViewModel benötigt, da die in der Ansicht angezeigten Daten in direkter Verbindung mit dem Daten-Model stehen. In Abbildung 4.2 wird die Vorgehensweise beim Binden von Daten gezeigt. Zunächst wird das für eine Ansicht benötigte Template von AngularJS kompiliert. Vereinfacht gesagt, parst die Compile Engine das HTML-Markup und versieht AngularJS-Attribute mit JavaScript-Funktionen, die einen permanenten Abgleich zwischen Model und View ermöglichen.

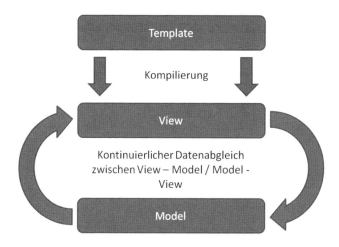

Abb. 4.2: Datenbindung in AngularJS

Somit sind die Werte in einer Ansicht immer die Repräsentanz des Models. Ändert sich das Model, sorgt AngularJS dafür, dass die View-Komponenten automatisch aktualisiert werden. Gleiches gilt natürlich auch für Änderungen in einer Ansicht.

4.3.1 Einfache Datenbindung

Unter einer einfachen Datenbindung, die auch als One Way Data Binding bezeichnet wird, ist im allgemeinen zu verstehen, dass Daten aus einem Model in einer oder mehreren Ansichten dargestellt, aber nicht mehr von der View in das Model zurücksynchronisiert werden können. In Listing 4.5 wird ein solches Data Binding exemplarisch mittels der doppeltgeschweiften Klammersyntax dargestellt. Die Eigenschaft innerhalb der geschweiften Klammern wird automatisch von der AngularJS Data Binding Engine durch den zuvor spezifizierten Wert *World* ersetzt.

```
<!DOCTYPE html>
<html>
    <head>
        <script type="text/javascript"
            src="angular.min.js"></script>
    </head>
    <body ng-app ng-init="name = 'World';">
        <span>Hello: {{name}}</span>
    </body>
</html>
```

Listing 4.5: Einfache Datenbindung

4.3.2 Bidirektionale Datenbindung

In modernen Webanwendungen ist es häufig nicht ausreichend, Daten lediglich aus dem Model in einer Ansicht darzustellen, wie es bei dem einfachen Data Binding der Fall ist. Sollen Benutzereingaben wieder zurück an das Model übermittelt werden können, kommt die bidirektionale Datenbindung ins Spiel. AngularJS stellt hierfür die Direktive *ng-model* bereit, die sowohl in der Lage ist, Eigenschaftswerte eines Data Models darzustellen, als auch Benutzereingaben zurück ins Model zu synchronisieren. Eine Model-Eigenschaft kann dabei an eines oder mehrere HTML-Elemente gebunden werden, wie in Listing 4.6 gezeigt wird.

```
<!DOCTYPE html>
<html>
    <head>
        <script type="text/javascript"
            src="angular.min.js"></script>
    </head>
    <body ng-app ng-init="firstName = 'Max';
        lastName = 'Mustermann';">

        <strong>Welcome {{lastName}}, {{firstName}}</strong>
        <label>First name: </label>
        <input type="text" ng-model="firstName"/>

        <label>Last name: </label>
        <input type="text" ng-model="lastName"/>

        <strong>First name:</strong>
        <span ng-bind="firstName"></span>

        <strong>Last name:</strong>
        <span ng-bind="lastName"></span>
    </body>
</html>
```

Listing 4.6: Bidirektionale Datenbindung

Neben der bereits bekannten doppeltgeschweiften Klammersyntax kommt in dem gezeigten Code-Listing auch noch das Attribut *ng-bind* zum Einsatz. Diese Direktive sorgt dafür, dass die AngularJS Data Binding Engine die Inhalte des HTML-Elements durch einen im Model definierten Wert ersetzt. Beim Aufruf der Webseite zeigt diese nun *Welcome Mustermann, Max* an. Wird jedoch ein anderer Wert in die Texteingabefelder eingetragen, passt AngularJS den Willkommenstext automatisch an, wie Abbildung 4.3 zeigt.

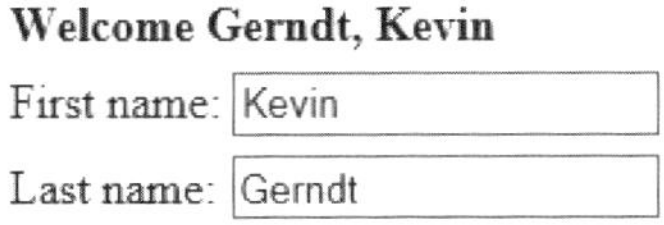

Welcome Gerndt, Kevin

First name: Kevin

Last name: Gerndt

Abb. 4.3: Einfaches Anwendungsbeispiel für bidirektionale Datenbindung

Bei länger andauernden Operationen, wie etwa AJAX-Aufrufen, empfiehlt es sich, das *ng-bind*-Attribut anstatt der doppeltgeschweiften Klammern zu verwenden. Der Vorteil dieser Vorgehensweise ist, dass das Ersetzen der Platzhalter für den Benutzer weniger offensichtlich geschieht, als dies bei der anderen Lösungsvariante der Fall ist. Darüber hinaus kann der Ersetzungsvorgang bei länger währenden Vorgängen auch zur Visualisierung einer Ladegrafik genutzt werden.

4.3.3 Konfiguration

Manchmal ist es notwendig, Anpassungen am Synchronisierungsmechanismus von AngularJS vorzunehmen. Das kann zum Beispiel bei einem Sucheingabefeld der Fall sein, wenn die Synchronisierung von Eingabewerten in das Daten-Model nicht unmittelbar, sondern zeitverzögert erfolgen soll. Um solche Konfigurationen vornehmen zu können, stellt AngularJS die Direktive *ng-model-options* bereit (Listing 4.7).

 Die Direktive *ng-model-options* steht erst ab der AngularJS-Version 1.3 zur Verfügung!

```
<body ng-app>
    <label>Search: </label>

    <input type="text" ng-model="value"
        ng-model-options="{ updateOn: 'keyup',
        debounce: 300 }">

    <strong>Search value: </strong>
    <span ng-bind="value"></span>
</body>
```

Listing 4.7: Einsatz der Direktive „ng-mode-options"

In der nachfolgenden Auflistung sind die wichtigsten Eigenschaften der Direktive näher erklärt.

- *updateOn*: Legt ein Event fest, bei dessen Eintreten der eingegebene Wert in das Daten-Model synchronisiert wird. Gültige Ereignisse sind beispielsweise: *blur*, *change*, *click* oder *keyup*. Soll eine Synchronisierung bei verschiedenen Events erfolgen, können diese durch Leerzeichen voneinander getrennt angegeben werden. Der Wert *default* gibt an, dass das Standardsynchronisierungsevent des HTML-Elements verwendet wird.

- *debounce*: Ein Integer-Wert, mit dem sich ein Verzögerungszeitraum für die Synchronisierung festlegen lässt. Die Angabe des Zeitraums erfolgt in Millisekunden.

- *allowInvalid*: Mit dieser Eigenschaft wird angegeben, ob ein invalider Eingabewert in das Model synchronisiert wird.

4.4 Controller

In AngularJS dienen Controller dazu, Variablen und Methoden sowie die in einer Ansicht benötigte Logik bereitzustellen. Ein Controller wird dabei durch eine JavaScript-Konstruktorfunktion repräsentiert, die ein *$scope*-Argument entgegennimmt. Scopes spielen in AngularJS eine große Rolle und sind hierarchisch organisiert. Das *$rootScope*-Objekt stellt den größten und zugleich globalen Bereich in einer AngularJS-Anwendung dar. Alle anderen Scopes, beispielsweise durch Direktiven erstellt, sind diesem untergeordnet.

 Zu umfangreiche Controller werden schnell unübersichtlich. Deshalb sollte sich der Funktionsumfang eines Controllers immer genau auf die Logik beschränken, die in einer einzigen Ansicht benötigt wird.

4.4.1 Einfache Controller

Im vorangegangen Kapitel wurde die *ng-init*-Direktive dazu verwendet, um Variablen direkt im *$rootScope* der Anwendung zu definieren. Bei dem gezeigten einfachen Beispiel ist gegen diese Vorgehensweise nichts einzuwenden. In komplexeren Applikationsszenarien sollte davon aber dringend Abstand genommen werden. Andernfalls kann das Ablegen von Variablen direkt im *$rootScope* zu einem Fehlverhalten der Anwendung führen, beispielsweise dann, wenn Werte oder Funktionen überschrieben werden. Ausnahmen bilden Werte, die tatsächlich applikationsweit zur Verfügung stehen müssen, wie etwa der App-Name oder Konstanten. Variablen und Funktionen, die lediglich in einer Ansicht benötigt werden, sollten hingegen in einem hierfür definierten Scope abgelegt werden. In AngularJS kommen hierfür Controller zum Einsatz, die über ihren eigenen Gültigkeitsbereich verfügen. Der Scope eines Controllers ist dabei geschützt und dem *$rootScope* stets untergeordnet, wie Abbildung 4.4 zeigt.

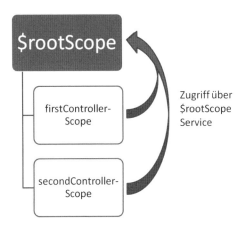

Abb. 4.4: Controller Scopes

Im HTML-Markup wird ein Controller mittels der *ng-controller*-Direktive definiert und verweist auf den Namen einer JavaScript-Konstruktorfunktion, wie Listing 4.8 zeigt. Der Gültigkeitsbereich von Scopes ist vergleichbar mit dem des DOMs. So kann innerhalb des *<div>*-Containers auf Variablen und Methoden, die in dem Ziel-Controller definiert sind, zugegriffen werden. Außerhalb dieses Bereichs ist der Zugriff nicht möglich. Da die Variable *appTitle* direkt im *$rootScope*-Objekt definiert wurde, muss ihr beim Zugriff noch das Präfix *$root* vorangestellt werden. Dieses Präfix ermöglicht den direkten Zugriff auf Funktionen und Variablen, die dem *$rootScope* angehängt sind. Der Zugriff ist aber

    entwickler.press

nicht nur aus dem Applikations-Scope möglich, sondern auch direkt aus einem Controller heraus.

```
<body ng-app>
    <span ng-bind="$root.appTitle"></span>
    <div ng-controller="controller">
        <strong>Full name:</strong>
        <span ng-bind="getFullName()"></span>

        <label>First name: </label>
        <input type="text" ng-model="firstName"/>

        <label>Last name: </label>
        <input type="text" ng-model="lastName"/>
    </div>
</body>
```

Listing 4.8: Verwenden eines Controllers im HTML-Markup

Die in Listing 4.9 gezeigte JavaScript-Funktion bildet das Gegenstück zu dem im HTML-Markup definierten Controller. Dieser stellt einen neuen Scope dar, in dem sich Variablen und Methoden definieren lassen. Der Zugriff auf den Controller Scope erfolgt durch das dem Controller übergebene *$scope*-Objekt. Das als zweiter Parameter übergebene *$rootScope*-Objekt ermöglicht den Zugriff auf den *$rootScope* der Anwendung. Um die Scopes zu verwalten, verwendet AngularJS das Dependency-Injection-Pattern. Die Implementierung dieses Designpatterns sorgt vereinfacht gesagt für das Erstellen von Scopes, das Auflösen von Abhängigkeiten sowie das Bereitstellen von Funktionen und Objekten.

```
var controller = function ($scope, $rootScope) {
    $rootScope.appTitle = "My app";
    $scope.firstName = "Kevin";
    $scope.lastName = "Gerndt";

    $scope.getFullName = function () {
        return $scope.firstName + " " + $scope.lastName;
    };
};
```

Listing 4.9: Erstellen eines neuen Controllers

4.4.2   Verschachtelte Controller

Scopes ermöglichen es, in AngularJS mehrere Controller in ein und demselben HTML-Template zu verwenden. Controller können aber nicht nur parallel zueinander genutzt, sondern auch verschachtelt werden. Bei einem solchen Konstrukt ist jedoch unbedingt darauf zu achten, Eigenschaften nicht direkt im Scope des Controllers, sondern gekapselt in einem Model-Objekt zu definieren. Andernfalls kann es schnell passieren, dass Eigenschaften sich gegenseitig überschreiben, was zu seltsamen Effekten führt. In Abbildung 4.5 ist die Hierarchie der einzelnen Controller Scopes untereinander und zum *$rootScope* dargestellt.

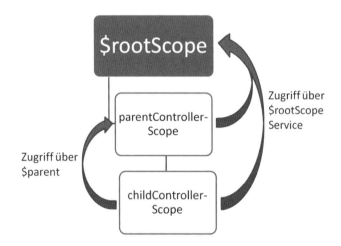

Abb. 4.5: Controller-Hierarchie

Listing 4.10 zeigt, wie sich Variablen innerhalb eines Controllers in Model-Objekte kapseln lassen. Die JavaScript-Funktionen *parentController(…)* und *childController(…)* definieren die Eigenschaften *firstName* und *lastName*. Da diese aber wiederum in den Objekten *firstPerson* und *secondPerson* abstrahiert sind, lassen sich die Eigenschaftswerte auch unabhängig voneinander verwalten. Die Funktion *getFullName(…)* im *parentController* zeigt, wie auf Variablen, die sich in einem Model-Objekt befinden, zugegriffen werden kann.

Auch wenn Controller einen eigenen Scope definieren, sollte darauf geachtet werden, Variablen stets in eigene Model-Objekte zu kapseln.

Manchmal ist es erforderlich, alle Eigenschaften eines bestimmten Objekts sowie deren Werte auszulesen. In AngularJS kann dies, wie in der Funktion *getFullName(...)*, im *childController* implementiert werden. Zum Iterieren lässt sich die Hilfsfunktion *forEach(...)* nutzen, die als ersten Parameter ein Objekt und als zweites Argument eine Callback-Funktion entgegennimmt.

```
var parentController = function ($scope) {
    $scope.firstPerson = {
        firstName: "Kevin",
        lastName: "Gerndt"
    };

    $scope.getFullName = function () {
        return $scope.firstPerson.lastName + ", " +
            $scope.firstPerson.firstName;
    };
};

var childController = function ($scope) {
    $scope.secondPerson = {
        firstName: "Timm",
        lastName: "Bremus"
    };

    $scope.getFullName = function () {
        var keyVal = "";
        angular.forEach($scope.secondPerson,
            function(val, key) {
                keyVal = keyVal + " " + key + ":" + val;
            })
        return keyVal;
    };
};
```

Listing 4.10: Abstrahieren von Eigenschaften

Wie verschachtelte Controller im Markup zu definieren sind, wird in Listing 4.11 gezeigt. Im Scope des *parentController* wird sowohl auf Variablen als auch die Methoden des assoziierten Controllers zugegriffen. Da die Eigenschaften in Model-Objekte gekapselt sind, muss beim Binden der Variablen an ein HTML-Element darauf geachtet werden, dass der Bezeichner des Model-Objekts der Variablen vorangestellt wird. Der Zugriffsbereich des dem *parentController* untergeordneten *childController* erstreckt sich im Gegensatz zum übergeordneten Controller auf beide Scopes. Somit ist es möglich, aus dem *childController* auf Eigenschaften und Methoden des übergeordneten Controllers zuzugreifen.

 Für eine bessere Unterscheidung der einzelnen AngularJS-Komponenten empfiehlt es sich, Controller mit dem Suffix *Controller* oder *Crtl* zu versehen.

Verfügt der untergeordnete Controller über eine namensgleiche Methode oder eine Eigenschaft wie der übergeordnete Controller, so wird diese überschrieben. Um dennoch auf eine überschrieben Methode oder Eigenschaft aus dem Scope des übergeordneten Controllers zugreifen zu können, muss dem Aufruf das Präfix *$parent* vorangestellt werden.

```html
<body ng-app>
    <div ng-controller="parentController">
        <h3>Parent controller</h3>
        <label>First name: </label>
        <input type="text" ng-model="firstPerson.firstName"/>

        <label>Last name: </label>
        <input type="text" ng-model="firstPerson.lastName"/>

        <strong>Full name:</strong>
        <span ng-bind="getFullName()"></span>

        <div ng-controller="childController">
            <h3>Child controller</h3>
            <label>First name: </label>
            <input type="text"
                ng-model="secondPerson.firstName"/>
```

```
   <label>Last name: </label>
   <input type="text"
       ng-model="secondPerson.lastName"/>

   <strong>Full name:</strong>
   <span ng-bind="getFullName()"></span>

   <strong>Full name (parent):</strong>
   <span ng-bind="$parent.getFullName()"></span>
 </div>
</div>
</body>
```

Listing 4.11: Verschachteln von Controllern

4.5 Module

In AngularJS steht hinter Modulen der Gedanke von Wiederverwendbarkeit. Diese sind vergleichbar mit den Namespaces im .NET Framework. Ein Modul besteht dabei jeweils aus einer Sammlung von Komponenten, wie etwa Controllern, und kann wiederum von anderen Modulen abhängig sein (Dependencies).

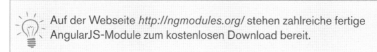

Auf der Webseite *http://ngmodules.org/* stehen zahlreiche fertige AngularJS-Module zum kostenlosen Download bereit.

Ein neues Modul lässt sich durch den Aufruf der Funktion *angular. module("appModule", [])* erzeugen, wie in Listing 4.12 dargestellt ist. Das Objekt *angular* stellt den Namespace dar, der anwendungsweit zur Verfügung steht. Mit dem ersten Übergabeparameter wird der Name des Moduls festgelegt, unter dem es später angesprochen werden kann. Der zweite Parameter dient der Angabe von Modulabhängigkeiten, die in Form eines String Arrays zu übergeben sind. Die Funktion *module(...)* liefert beim Aufruf eine Module-Instanz zurück, auf der sich wiederum ein Controller registrieren lässt.

```
function Person(firstName, lastName) {
    this.firstName = firstName;
    this.lastName = lastName;
    this.getFullName = function() {
        return this.lastName + ", " + this.firstName;
    }
}

angular.module("appModule", [])
.controller("personController", function ($scope) {
    $scope.person = new Person("Kevin", "Gerndt");
});
```

Listing 4.12: Erstellen eines AngularJS-Moduls

Um die AngularJS-Applikation mit einem Modul bekannt zu machen, ist die *ng-app*-Direktive lediglich um den Namen des Moduls zu erweitern, wie in Listing 4.13 gezeigt.

```
<body ng-app="appModule">
    <div ng-controller="personController">
        <label>First name: </label>
        <input type="text" ng-model="person.firstName"/>

        <label>Last name: </label>
        <input type="text" ng-model="person.lastName"/>

        <strong>Full name:</strong>
        <span ng-bind="person.getFullName()"></span>
    </div>
</body>
```

Listing 4.13: Verwenden von AngularJS-Modulen im HTML-Markup

4.6 Services

In der AngularJS-Welt handelt es sich bei Services um Objekte oder Funktionen, die spezifische Aufgaben bewältigen und applikationsweit einmal in Form eines Singleton bereitstehen. Diese Services sind aber nicht zu verwechseln mit der einzelnen Methode *Service*! Da Controller so viel Logik wie nötig, aber so wenig wie möglich beinhalten sollten, bieten Services eine ideale Möglichkeit, diese Businesslogik zu beherbergen. Services lassen sich einfach und flexibel in nahezu jede Anwendungskomponente von AngularJS, wie etwa Controller, Direktiven oder Filter, einsetzen. Services können auch wiederum von anderen Services genutzt werden. Wie bereits erwähnt, existiert jeweils nur eine Instanz eines Service pro Applikation. Das wird durch den so genannten AngularJS Injector sichergestellt. Ein weiterer wichtiger Aspekt ist die Austauschbarkeit. Typischerweise kann ein Service CRUD-Operationen für ein Backend kapseln. Solange das Backend jedoch nicht fertiggestellt ist, könnte ein anderer Service Daten aus einer JSON-Datei laden. Somit lässt sich die Anwendung, auch während die Serviceschnittstelle entwickelt wird, mit repräsentativen Daten testen. Nach der Fertigstellung des Backends können die beiden Services dann einfach gegeneinander ausgetauscht werden.

 Von AngularJS bereitgestellte Services sind an dem vorangestellten $-Symbol zu erkennen. Für eine klar erkennbare Trennung zwischen AngularJS-Komponenten und eigenentwickelten Services ist es daher empfohlen, ein eigenes Präfix einzuführen.

Der AngularJS Injector stellt von Haus aus fünf verschiedene Servicetypen bereit. Zum einen die in Abbildung 4.6 gezeigten, aufeinander aufbauenden Methoden *Value*, *Service*, *Factory* und *Provider*. Zum anderen die Funktionen *Constant* und *Decorator*. Im Nachfolgenden werden die einzelnen Services näher beschrieben.

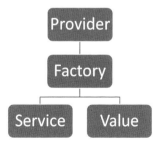

Abb. 4.6: AngularJS-Servicehierarchie

4.6.1 Constant

Die Constant-Methode dient, wie der Name schon vermuten lässt, zum Definieren von Konstanten. Nachdem die Wertzuweisung einer Konstante erfolgt ist, kann der Wert nicht mehr geändert werden. Auch das Manipulieren eines Rückgabewerts, beispielsweise durch den Einsatz eines Decorators, ist bei Konstanten ausgeschlossen. Listing 4.14 zeigt den Einsatz des *Constant*-Service.

```
angular.module("appModule", [])
.constant("pi", 3.14159265359)
.controller("appController", function ($scope, pi) {
    $scope.pi = pi;
})
```

Listing 4.14: Constant-Service

4.6.2 Value

Soll ein Wert oder eine Funktion in einer AngularJS-Anwendung global zur Verfügung gestellt werden, lässt sich dies mit der *Value*-Funktion bewerkstelligen. Hierbei handelt es sich um eine vereinfachte Form der Factory, auf die in Abschnitt 5.6.3 noch näher eingegangen wird. Ein Verwendungsbeispiel ist in Listing 4.15 dargestellt. Bei diesem einfachen Beispiel wird eine globale Funktion bereitgestellt, die ein formatiertes Datum zurückliefert. Durch das Injizieren mittels des Übergabeparameters *getDate* steht die Methode im Controller zur Verfügung und lässt sich von ihm aus aufrufen.

```
angular.module("appModule", [])
.value("getDate", function () {
    return new Date().toLocaleDateString("de");
})
.controller("appController", function ($scope, getDate) {
    $scope.date = getDate();
})
```

Listing 4.15: Value-Service

4.6.3 Factory

Der Einsatz einer Factory ist immer dann sinnvoll, wenn es möglich sein soll, Funktionen zu injizieren, zum Beispiel in einen Controller. Vereinfacht ausgedrückt, ist eine Factory eine Erweiterung der *value*-Funktion. In Listing 4.16 wird eine Factory dazu verwendet, ein API-Token in den Local Storage zu persistieren, beziehungsweise es wieder auszulesen. Beim LocalStorage handelt es sich um ein HTML5-Feature, das Teil des neuen Storage-API ist und es ermöglicht, Daten lokal im Browser zu speichern.

```
angular.module("appModule", [])
.factory("apiToken", function() {
    var factory = {};
    factory.getToken = function () {
        return localStorage.getItem("apiToken");
    }

    factory.setToken = function (token) {
        localStorage.setItem("apiToken", token);
    }

    return factory;
})
.controller("appController", function ($scope, apiToken) {
    $scope.apiToken = apiToken.getToken();
    $scope.save = function () {
        apiToken.setToken($scope.apiToken);
    }
})
```

Listing 4.16: AngularJS Factory

4.6.4 Service

Die *service*-Funktion ist einer *Factory* sehr ähnlich und unterscheidet sich im Wesentlichen nur dadurch, dass in einem Service die übergebene Funktion mit dem Schlüsselwort *new* konstruiert werden muss. Der Grund für die Einführung der *service*-Methode ist auf die Sprache

CoffeeScript zurückzuführen, welche Pseudoklassen unterstüzt, die sich nur mit dem Operator *new* verwenden lassen.

 Gibt es keine expliziten Gründe, die gegen den Einsatz von Factories sprechen, sollten diese dem Einsatz von Services immer vorgezogen werden.

4.6.5 Provider

Erfordert ein Service zum Applikationsstart bestimmte Konfigurationseinstellungen, können diese mittels eines Providers vorgenommen werden. Bei einem Provider handelt es sich um eine konfigurierbare Factory. Soll der Provider genutzt werden, um andere Services zu konfigurieren, sind diese der *$get*-Funktion als Parameter zu übergeben. Die Konfiguration eines Providers erfolgt in der *config*-Methode eines Moduls, die inital beim Anwendungsstart ausgeführt wird (Listing 4.17). Dabei ist zu beachten, dass beim Zugriff immer der vergebene Alias, gefolgt von der Bezeichnung „Provider", verwendet werden muss.

 Das Provider-Pattern sollte nur dann eingesetzt werden, sofern eine Konfiguration beim Applikationsstart notwendig ist.

```
angular.module("appModule", [])
.provider("apiToken", function() {
    var apiToken = "";
    this.setToken = function(token) {
        apiToken = token;
    };

    this.$get = function() {
        return function() {
            return apiToken;
            console.log(apiToken);
        };
    };
```

```
})
.config(function(apiTokenProvider) {
    apiTokenProvider.setToken("458AED21DBFA4905ADC8D4A7704C");
})
.controller("appController", function ($scope, apiToken) {
    $scope.apiToken = apiToken();
})
```

Listing 4.17: Provider-Service

4.6.6 Decorator

Bei einem Decorator auch als Dekorierer bekannt, handelt es sich um ein Entwurfsmuster, das es ermöglicht, bestehende Klassen flexibel um Funktionen zu erweitern. Auf AngularJS bezogen, lässt sich der Decorator dazu verwenden, Funktionalitäten von Services (*Provider*, *Factory*, *Service*, *Value*) zu erweitern oder Rückgabewerte zu manipulieren. Anhand des in Listing 4.18 dargestellten Beispiels lässt sich die Funktionsweise eines Decorators gut erkennen. Durch den Einsatz des Patterns wird die in der *getDate*-Methode zurückgegebene Funktion in einen String umgewandelt, der durch den Beschreibungstext „Deutsches Datumsformat" ergänzt wird.

```
angular.module("appModule", [])
.value("getDate", function () {
    return new Date().toLocaleDateString("de");
})
.config(function($provide) {
    $provide.decorator('getDate', function($delegate) {
        return "Deutsches Datumsformat: " + $delegate();
    });
})
.controller("appController", function ($scope, getDate) {
    $scope.date = getDate;
})
```

Listing 4.18: Manipulation von Rückgabewerten mittels eines Decorators

4.6.7 Injector

Verantwortlich für das Erstellen von Instanzen in einer AngularJS-Anwendung ist der Injector (*$injector*). Bei ihm handelt es sich, so wie bei den anderen Services, um eine Singleton-Instanz. Eine Besonderheit des *Injectors* ist, dass er sich selbst instanziiert und verwaltet. Listing 4.19 zeigt, wie sich der AngularJS Injector verwenden lässt, um die Instanz einer Factory innerhalb eines Controllers zu beziehen, um anschließend eine Methode des Services auszuführen. Somit ist es nicht notwendig, die benötigte Abhängigkeit direkt in den Controller zu injizieren.

```
angular.module("appModule", [])
.factory("apiToken", function() {
    var factory = {};
    factory.getToken = function () {
        return localStorage.getItem("apiToken");
    }
    return factory;
}).controller("appController", function ($scope, $injector) {
    $scope.apiToken = $injector.get("apiToken").getToken();
})
```

Listing 4.19: Einsatz des AngularJS Injectors

4.7 Routing

Das wesentliche Merkmal von SPAs ist es, dass alle Interaktionen auf einer physikalischen Seite stattfinden. Der Benutzer wird also nicht, wie bei einer klassischen Webanwendung, durch ein Neuladen beim Seitenwechsel aus seinem Kontext gerissen. Eine Möglichkeit, dieses SPA-Gefühl zu erzeugen, besteht darin, verschiedene Seiten der Applikation in Container zu kapseln und je nach Bedarf ein- oder auszublenden. Der Nachteil dieser Vorgehensweise ist allerdings, dass die Containerseite, die sämtliche Inhalte bereitstellt, schnell relativ groß und unübersichtlich werden kann. AngularJS bietet dafür eine charmante Lösung in Form des *$routeProviders* an.

4.7.1 Einfache Routen

Ein zentraler Bestandteil beim Verwenden des von AngularJS bereitgestellten Routing-Mechanismus ist die *ng-view*-Direktive. Diese kann als Container verstanden werden, in dem sich wiederum andere HTML-Seiten darstellen lassen. In Listing 4.20 ist das notwendige HTML-Markup für die Verwendung des AngularJS Routings abgebildet. Die Routing-Komponente ist seit der AngularJS-Version 1.1.6 aus dem Kern des Frameworks ausgelagert und deshalb in Form der JavaScript-Datei *angular-route. min.js* separat zu laden. Die Views, die auch als Partials bezeichnet werden, sind in dem gezeigten Beispiel aus semantischen Gründen in Form von Templates im Markup der Hauptseite hinterlegt. Zu beachten bei der Verwendung von Templates ist, dass diese in ein *<Script>*-Tag gewrappt werden müssen. Der verwendete Type *text/ng-template* teilt AngularJS mit, dass es sich bei dem Inhalt des Script Blocks um ein Template handelt. Das angegebene *id*-Attribut dient als Identifikationsmerkmal für die spätere Verwendung. Innerhalb des Templates kann wie gewohnt auf Eigenschaften und Funktionen des assoziierten Controllers zugegriffen werden.

In Verbindung mit dem AngularJS-*$route*-Service ist es nicht notwendig, einen Controller mit der Direktive *ngController* an die View zu binden. Andernfalls wird der Controller zweimal an die Ansicht gebunden, woraus Ausführungsfehler resultieren können.

Um dem AngularJS Routing-Mechanismus mitzuteilen, dass eine bestimmte View sowie deren Controller geladen werden soll, ist der URI um einen so genannten Fragment Identifier zu ergänzen. Dieser besteht aus einem Hash-Symbol, gefolgt von der gewünschten Route, die wie folgt aussehen könnte: *.../index.html#info*.

```
<head>
    <script type="text/javascript"
        src="angular.min.js"></script>

    <script type="text/javascript"
        src="angular-route.min.js"></script>
</head>
```

```
<body ng-app="appModule">
    <script type="text/ng-template" id="home.html">
        <h1>Home</h1>
        <strong>Welcome </strong><span ng-bind="user"></span>
    </script>

    <script type="text/ng-template" id="info.html">
        <h1>Info</h1>
        <span ng-bind="info"></span>
    </script>
    <a href="#">Home</a>
    <a href="#info">Info</a>
    <div ng-view></div>
</body>
```

Listing 4.20: Definieren von „inline"-Partials

Die Zuordnung zwischen einer Route und deren Ansicht erfolgt in Java-Script. Hierzu muss zunächst das Module *ngRoute* geladen werden, wie in Listing 4.21 dargestellt ist. Der Zugriff auf den *$routeProvider*, der zur Konfiguration der Routen benötigt wird, erfolgt über die bereits bekannte Dependency Injection. Die einzelnen Routen lassen sich nun mithilfe der *when*-Funktion spezifizieren. Diese nimmt einen Routenpfad entgegen, der später mit dem Aufruf-URL verglichen wird. Das als zweiter Parameter übergebene *route*-Objekt dient der Verhaltenssteuerung. Mit ihm wird neben dem Template auch der zuständige Controller festgelegt. In der nachfolgenden Auflistung werden die wichtigsten Eigenschaften des *route*-Objekts noch einmal näher beschrieben.

- *controller*: Der Name eines registrierten Controllers, der mit dem Template assoziiert werden soll.

- *controllerAs*: Der Alias eines registrierten Controllers, der mit dem Template assoziiert werden soll.

- *template*: Das anzuzeigende HTML Template in Form eines Strings oder einer Funktion, die einen String zurückliefert.

- *templateUrl*: Mit dieser Eigenschaft wird der URL eines Templates festgelegt; hierbei kann es sich entweder um einen physischen URL oder die ID eines im Template Cache abgelegten Templates handeln.

- *redirectTo*: Diese Eigenschaft kann zur Manipulation einer Route verwendet werden und löst im Anschluss einen Redirect aus.

Die Funktion *otherwise(…)* dient als Fallback und wird immer dann ausgeführt, wenn keine zutreffende Route ermittelt werden kann.

```
angular.module("appModule", ["ngRoute"])
.config(function($routeProvider) {
    $routeProvider
    .when('/', {
        templateUrl: 'home.html',
        controller: 'homeController'
    })
    .when('/info', {
        templateUrl: 'info.html',
        controller: 'infoController'
    })
    .otherwise({ redirectTo: '/' })
})
.controller("homeController", function ($scope) {
    $scope.user = "Gerndt, Kevin";
})
.controller("infoController", function ($scope) {
    $scope.info =
        "The $routeProvider in AngularJS is very useful.";
})
```

Listing 4.21: Spezifizieren von Routen

4.7.2 Routen mit Parametern

Neben dem einfachen Navigieren zwischen verschiedenen Seiten ist es oftmals auch notwendig, zusätzliche Informationen in den URL zu übermitteln, die dann von der Zielseite ausgewertet werden können. Ein geläufiges Anwendungsszenario sind Detailseiten, wie sie beispielsweise in Webshops zu finden sind. Der Benutzer wählt aus einer Liste von Produkten einen bestimmten Artikel aus und gelangt auf eine Seite mit Details. Die Steuerung solcher Detailseiten erfolgt häufig über einen URL-Pfadparameter oder Query-String-Parameter. Dies hat den Vorteil, dass Seiten durch den Benutzer gebookmarkt oder der Link per E-Mail versendet werden kann. Das in Listing 4.22 dargestellte HTML-Markup soll helfen zu verstehen, wie Routenparameter in AngularJS funktionieren. Als Beispiel dient eine einfache Kontaktverwaltung, die aus zwei Ansichten besteht. Die Übersichtsseite verfügt über eine Liste von Hyperlinks, um zu der Detailseite einer Person zu gelangen, und zeigt die Anzahl der verfügbaren Kontakte an. Eine Route setzt sich jeweils aus dem Basispfad *#people/details/* sowie einer ID, die als eindeutiges Identifikationsmerkmal für eine bestimmte Person dient, zusammen. Das Template mit der Bezeichnung *details.html* repräsentiert die Detailseite und zeigt Detailinformationen zu einer Person wie den Vor- und Nachnamen an.

```html
<body ng-app="appModule">
    <script type="text/ng-template" id="overview.html">
        <h1>Overview</h1>
        <strong>People ({{count}})</strong>
        <a href="#people/details/1">Gerndt, Kevin</a>
        <a href="#people/details/2">Bremus, Timm</a>
        <a href="#people/details/3">Laufer, Julia</a>
    </script>

    <script type="text/ng-template" id="details.html">
        <h1>Details</h1>
        <strong>First name: </strong>
        <span ng-bind="person.firstName"></span>

        <strong>Last name: </strong>
        <span ng-bind="person.lastName"></span>

        <strong>ID: </strong>
        <span ng-bind="person.id"></span>
    </script>
    <a href="#">Overview</a>
    <div ng-view></div>
</body>
```

Listing 4.22: Definieren von Routen mit Übergabeparametern

In Listing 4.23 ist der für die „Kontakteverwaltung" benötigte JavaScript-Code dargestellt. Damit sich die in dem URL angegebenen Routenparameter im Controller auswerten lassen, muss zunächst in der Routendefinition eine spezielle Syntax zum Festlegen von Parametern beachtet werden. Routenparameter bestehen stets aus einem vorangestellten Doppelpunkt und dem Bezeichner für den Parameter. Für den Zugriff auf Parameterwerte in einem Controller muss diesem der $routeParams-Service übergeben werden. Dieser AngularJS Service stellt sämtliche Pfadparameter als Eigenschaften bereit. Neben dem Zugriff auf Routenparameter ist auch das Abfragen von Query-String-Parametern möglich. Kommt es vor, dass ein URL gleichnamige Routenparameter und Query-String-Parameter enthält, werden Letztere jeweils durch Pfadparameter überschrieben.

```javascript
Array.prototype.firstOrDefault = function(x) {
    var retVal = null;
    angular.forEach(this, function (object, index) {
        if(retVal == null && x(object)) retVal = object;
    });
    return retVal;
}


angular.module("appModule", ["ngRoute"])
.value("people",
    [{ firstName: "Kevin", lastName: "Gerndt", id: "1" },
     { firstName: "Timm", lastName: "Bremus", id: "2" },
     { firstName: "Julia", lastName: "Laufer", id: "3" }])
.config(function($routeProvider) {
    $routeProvider
        .when('/', {
            templateUrl: 'overview.html',
            controller: 'overviewController'
        })
        .when('/people/details/:id', {
            templateUrl: 'details.html',
            controller: 'detailsController'
        })
        .otherwise({ redirectTo: '/' })
    })
    .controller("overviewController", function ($scope, people)
```

```
{
    $scope.count = people.length;
})
.controller("detailsController", function ($scope,
    $routeParams, people) {
        $scope.person = people.firstOrDefault(function (x) {
            return x.id == $routeParams.id });
})
```

Listing 4.23: Abfragen von Routenparametern

4.7.3 Übergangsanzeige

Gelegentlich kann es vorkommen, dass der Wechsel von einer Ansicht in eine andere etwas Zeit in Anspruch nimmt. In diesem Fall empfiehlt es sich aus Gründen der Usability, den Benutzer über den aktuellen Navigationsstatus in Kenntnis zu setzen. Das kann zum Beispiel über einen Loading Spinner, also eine Grafik, die symbolisiert, dass die Anwendung beschäftigt ist, oder einen einfachen Anzeigetext passieren. Wartezeiten beim Routenwechsel können auf verschiedene Faktoren zurückgeführt werden, wenn sich beispielsweise eine View noch nicht im AngularJS Cache befindet und zunächst vom Server heruntergeladen werden muss. Eine andere Ursache können Abhängigkeiten sein, die vor der Darstellung der Ansicht aufzulösen sind. Solche Dependencies lassen sich beim Spezifzieren der Route in der *when*-Funktion mittels der *Resolve*-Eigenschaft festlegen. Dieser optionale Parameter nimmt eine einfache Funktion oder aber ein Objekt-Array, bestehend aus Key-Value Pairs, entgegen. Der Key stellt den Namen der Abhängigkeit dar, die in den Ziel-Controller injiziert werden soll. Als Value ist entweder der Alias eines Service oder eine Funktion zu übergeben. Im Fall des in Listing 4.24 aufgezeigten Beispiels wird die Funktion *getData()* des *infoControllers* als Abhängigkeit festgelegt. Da sie ein Promise zurückliefert, muss beim Aufruf der Route */info* zunächst auf die Ausführung der Methode gewartet werden. Um das Beispiel möglichst einfach zu halten, nutzt die *getData()*-Funktion den von AngularJS bereitstellten *$timeout*-Service. Dieser wartet eine Sekunde und übermittelt danach den Wert *Resolved* an den Controller zurück. In einer „echten" Anwendung könnten in diesem Methodenabschnitt beispielsweise Web-Services-Anfragen getätigt werden.

```
var app = angular.module("appModule", ["ngRoute"])
.config(function($routeProvider) {
    $routeProvider
        .when('/', {
            templateUrl: 'home.html'
        })
         .when('/info', {
            templateUrl: 'info.html',
            controller: 'infoController',
            resolve: infoController.getData
        })
        .otherwise({ redirectTo: '/' })
})
.run(function($rootScope) {
    $rootScope.$on('$routeChangeStart', function() {
        $rootScope.status = "Loading...";
    });

    $rootScope.$on('$locationChangeStart', function(event,
        next, current) {
            if (!confirm("Are you sure?")) {
                event.preventDefault();
            }
    });

    $rootScope.$on('$routeChangeSuccess', function() {
        $rootScope.status = "Success!";
    })
});

var infoController = app.controller("infoController",
    function ($scope, data) {
        $scope.data = data;
})

infoController.getData = {
    data : function($q, $timeout) {
        var defer = $q.defer();
        $timeout(function () {
            defer.resolve("Resolved");
```

```
    }, 1000);
    return defer.promise;
  }
};
```

Listing 4.24: Auflösen von Abhängigkeiten bei der Navigation

Um Informationen über den aktuellen Navigationsfortschritt abrufen zu können, stellt der *$routeProvider*-Service neben den bereits beschriebenen Methoden zum Definieren von Routen auch noch einige Events bereit. Alle durch den *$routeProvider* bereitgestellten Events lassen sich über *$root-Scope* mittels der *$on*-Methode zugreifen. Im gezeigten Beispiel wird der Run-Block des Moduls zum Registrieren der Event-Funktionen verwendet. Diese Funktion wird nach dem *config*-Block ausgeführt und dient als Initialisierungsfunktion für ein Modul. Nachfolgend werden die wichtigsten Events des *$routeProvider*-Service näher beschrieben.

- *$routeChangeStart*: Dieses Event wird vor dem Routenwechsel ausgelöst. Zu diesem Zeitpunkt beginnt der *$routeProvider* mit dem Auflösen von angegebenen Abhängigkeiten.

- *$routeChangeSuccess*: Die Voraussetzung für das Eintreten dieses Ereignisses ist, dass alle in der *resolve*-Eigenschaft festgelegten Abhängigkeiten aufgelöst wurden. Sind mehrere *promise*-Objekte angegeben, gilt die Bedingung als erfüllt, sofern alle *promise*-Funktionen erfolgreich ausgeführt sind.

- *$routeChangeError*: Kann eine Abhängigkeit nicht aufgelöst werden oder tritt beim Ausführen einer *promise*-Funktion ein Fehler auf, so wird dieses Event ausgelöst.

- *$routeUpdate*: Dieses Event wird beim Aktualisieren einer Route ausgelöst.

4.8 Ereignisse

Um eine Interaktion zwischen Benutzer und Webanwendung zu ermöglichen, werden Ereignisse benötigt. Sie stellen ein wichtiges Bindeglied zwischen dem statischen HTML-Markup und JavaScript-Code dar.

Events beziehungsweise Event Handler erlauben es dem Entwickler, beispielsweise auf einen Mausklick, das Bewegen der Maus oder auf Tasteneingaben zu reagieren.

4.8.1 Mausereignisse

Interargiert ein Benutzer mithilfe einer Maus oder einem anderen Eingabegerät, etwa einem Touchscreen, mit einer Webseite, löst dieser Mouse Events aus. Hierbei kann es sich um die einfache Bewegung des Mauszeigers oder aber um Eingaben wie einen Mausklick handeln. Um in einer AngularJS Anwendung auf diese Ereignisse reagieren zu können, stellt das Framework die in der nachfolgenden Auflistung dargestellten Direktiven bereit. Da die Bezeichnungen der Direktiven selbsterklärend und die dahinterliegenden JavaScript-Events den meisten Entwicklern geläufig seien sollten, wird an dieser Stelle nicht näher auf die Funktionen eingegangen.

- *ng-click*
- *ng-dblclick*
- *ng-mousedown*
- *ng-mouseup*
- *ng-mouseenter*
- *ng-mouseleave*
- *ng-mousemove*
- *ng-mouseover*

Listing 4.25 zeigt die beispielhafte Verwendung der Direktiven *ng-mousemove* und *ng-click*, um die aktuelle Mausposition sowie die Mausposition des letzten Mausklicks auszugeben. Da in diesem Fall die Angabe der Mauskoordinaten als Ganzzahl ausreichend ist, wird das AngularJS-Formatting-Filter-Attribut *number* dazu eingesetzt, die Anzahl der anzuzeigenden Dezimalstellen auf null zu setzen. Filter lassen sich beispielsweise dazu einsetzen, Werte im Markup zu verändern.

```
<body ng-app="appModule">
    <div ng-controller="appController">
        <div id="area" ng-mousemove="mousemove($event)"
            ng-click="mouseclick($event)">
        </div>

        <strong>Current x-offset:</strong>
        <span ng-bind="currentXOffset | number:0"
            ng-init="currentXOffset=0">
        </span>

        <strong>Current y-offset:</strong>
        <span ng-bind="currentYOffset | number:0"
            ng-init="currentYOffset=0">
        </span>

        <strong>Click x-offset:</strong>
        <span ng-bind="clickXOffset | number: 0"
            ng-init="clickXOffset=0">
        </span>

        <strong>Click y-offset:</strong>
        <span ng-bind="clickYOffset | number: 0"
            ng-init="clickYOffset=0">
        </span>
    </div>
</body>
```

Listing 4.25: Einsatz der Direktiven „ng-mousemove" und „ng-click"

Um im Controller auf ein Ereignis reagieren zu können, muss dieser um
eine entsprechende Funktion erweitert werden, wie in Listing 4.25 gezeigt wird. Diese kann als optionalen Parameter ein Eventobjekt entgegen nehmen. Bei dem übergebenen Eventobjekt handelt es sich konkret
um eine Instanz des jQuery-Eventobjekts. Das Objekt enthält beispielsweise Informationen zum Eventtyp sowie eventspezifische Angaben wie
den Mouse Offset oder die Mouse-Position.

```
angular.module("appModule", [])
.controller("appController", function ($scope) {
    $scope.mousemove = function(event) {
```

```
        $scope.currentXOffset = event.offsetX;
        $scope.currentYOffset = event.offsetY;
    }

    $scope.mouseclick = function(event) {
        $scope.clickXOffset = event.offsetX;
        $scope.clickYOffset = event.offsetY;
    }
})
```

Listing 4.26: Auf Mausereignisse reagieren

4.8.2 Tastaturereignisse

Ähnlich wie Mausereignisse, dienen Tastaturereignisse dazu, auf Tastatureingaben des Benutzers reagieren zu können. AngularJS stellt hierzu die folgenden Key-Events zur Verfügung. Da auch hier die Bezeichnungen wieder selbsterklärend sind, wird an dieser Stelle auf eine genaue Funktionsbeschreibung der Events verzichtet.

- *ng-keydown*
- *ng-keypress*
- *ng-keyup*

Das Auslösen der Events bei einem Tastaturanschlag erfolgt in der angegebenen Reihenfolge. Der Einsatz der drei Direktiven *ng-keydown*, *ng-keypress* und *ng-keyup* wird in Listing 4.27 veranschaulicht. Um die Aufrufreihenfolge der Events zu demonstrieren, wird jeweils das aktuelle Event ausgegeben. Sofern die Event-Properties im JavaScript-Code benötigt werden, zum Beispiel um den Key-Code auszuwerten, ist der Eventfunktion das AngularJS-Eventobjekt *$event* zu übergeben.

```
<body ng-app="appModule">
    <div ng-controller="appController">
        <form name="form">
            <label>Value:
                <input type="text" name="value"
                    ng-model="value"
                    ng-keydown="keydown($event)"
```

```
                    ng-keypress="keypress()"
                    ng-keyup="keyup($event)"
                    ng-model-options="{ updateOn: 'blur' }" >
            </label>

            <strong>Event:</strong>
            <span ng-bind="eventName"></span>
        </form>
    </div>
</body>
```

Listing 4.27: Einsatz der Tastatureventdirektiven

Wie bereits von den Mausereignissen bekannt, muss, um im JavaScript-Code auf entsprechende Ereignisse reagieren zu können, eine Zielfunktion im Controller implementiert werden (Listing 4.27). Soll der Benutzer daran gehindert werden, bestimmte Zeichen in ein Textfeld einzugeben, lässt sich die Ausführung eines Events mittels des Funktionsaufrufs *preventDefault()* auf dem Eventobjekt abbrechen. Die Methode *$rollbackViewValue()* lässt sich dazu verwenden, einen Wert aus dem Data Model in einem UI-Element wiederherzustellen. Dabei wird das getriggerte Update-Event, das für die Synchronisierung des Eingabewerts in das Model sorgt, abgebrochen.

```
angular.module("appModule", [])
.controller("appController", function ($scope) {
    $scope.keydown = function(event) {
        $scope.eventName = "Keydown";

        if (event.keyCode >= 96 && event.keyCode <= 105) {
            event.preventDefault();
        }
    };

    $scope.keypress = function() {
        $scope.eventName = "Keypress";
    };

    $scope.keyup = function(event) {
        $scope.eventName = "Keyup";
        if (event.keyCode == 27) {
```

```
        $scope.form.value.$rollbackViewValue();
      }
    };
})
```

Listing 4.28: Auf Tastaturereignisse reagieren

4.8.3 Change und $watch

Neben der Reaktion auf Maus- und Tastaturereignisse kommt es häufig vor, dass beim Ändern eines Werts eine bestimmte Funktion ausgeführt werden muss. Ein denkbar einfaches Beispiel hierfür ist die Überprüfung auf die Richtigkeit einer E-Mail-Adresse in einem Texteingabefeld. Bei jeder Änderung des Werts muss die Eingabe auf die syntaktische Korrektheit hin validiert werden. Klassischerweise würde sich hierzu der *onChange* Event Handler des JavaScript API anbieten. AngularJS wiederum hält eine eigene Direktive mit der Bezeichnung *ng-change* bereit. Wichtig ist, dass *ng-change* nur in Verbindung mit der Direktive *ng-model* funktioniert. Das Change-Event wird nur dann ausgelöst, wenn die Änderung des Werts über die Oberfläche erfolgt. Eine programmatische Wertänderung des Models löst das Change-Event hingegen nicht aus. In Listing 4.29 ist der Einsatz des *ng-change*-Attributs dargestellt. Bei jeder Änderung des Eingabewerts durch Verlassen des Felds wird die JavaScript-Methode *change()* aufgerufen. Wurde der *names*-Collection ein neuer Wert hinzugefügt, so werden die einzelnen Namen, die sich in dem String Array befinden, kommasepariert auf der Oberfläche dargestellt.

```
<body ng-app="appModule">
    <div ng-controller="appController">
        <label>Name: </label>
        <input type="text" ng-model="name"
            ng-change="change()"
            ng-model-options="{ updateOn: 'blur' }">

        <input type="button" ng-click="addName()"
            value="Add name">
```

```
        <strong>Old value: </strong>
        <span ng-bind="oldValue"></span>

        <strong>New value: </strong>
        <span ng-bind="newValue"></span>

        <strong>Names: </strong>
        {{names.join(", ")}}

        <strong>Count: </strong>
        <span ng-bind="count"></span>
    </div>
</body>
```

Listing 4.29: Einsatz der Direktive „ng-change"

Zur Überwachung einer bestimmten Eigenschaft stellt AngularJS die *$watch*-Methode zur Verfügung. Sie muss auf dem Scope ausgeführt werden, der die zu überwachende Eigenschaft enthält. Als Parameter nimmt die Methode den Namen der Zieleigenschaft sowie eine Callback-Funktion entgegen. Erfolgt eine Änderung des Werts, entweder über ein UI-Element oder aber per Code, wird die Callback-Funktion ausgelöst. Innerhalb der Methode lässt sich dann sowohl auf den alten als auch auf den geänderten Eigenschaftswert zugreifen. Ist nicht eine einzelne Property, sondern eine komplette Collection zu überwachen, kann dies mit der *$watchCollection*-Funktion gelöst werden. Beim Funktionsaufruf ist ihr, ähnlich wie bei der *$watch*-Methode, der Collection-Name in Form eines Strings sowie eine Callback-Funktion zu übergeben, wie in Listing 4.30 gezeigt wird.

```
angular.module("appModule", [])
.controller("appController", function ($scope) {
    $scope.names = [];

    $scope.change = function () {
        console.log($scope.name);
    }

    $scope.addName = function() {
        $scope.names.push($scope.name);
```

```
        $scope.name = "";
    }

    $scope.$watch('name',
        function(newValue, oldValue) {
            $scope.oldValue = oldValue;
            $scope.newValue = newValue;
        }
    );

    $scope.$watchCollection('names',
        function(newValues, oldValues) {
            $scope.count = newValues.length;
        }
    );
})
```

Listing 4.30: Überwachen von Eigenschaften

4.9   Repeater

Sollen Daten aus einem JavaScript Array oder einem Object Array
in einer Ansicht dargestellt werden, bietet sich ein Repeater an, wie
er vielleicht schon aus ASP.NET oder anderen Frameworks bekannt
ist. Repeater ermöglichen die wiederholte Darstellung von Daten in
UI-Elementen wie beispielsweise Tabellen oder Unordered Lists. AngularJS stellt hierzu die Direktive *ng-repeat* bereit. Der Einsatz eines
Repeaters wird nachfolgend anhand einer einfachen Anwendung zur
Verwaltung von Personen demonstriert (Abb 4.7). Die Webapplikation
erlaubt das Anzeigen von Personendaten in Tabellenform. Männliche
und weibliche Einträge werden dabei verschieden visualisiert. Darüber hinaus ist das Hinzufügen, Editieren und Löschen von Personen
möglich.

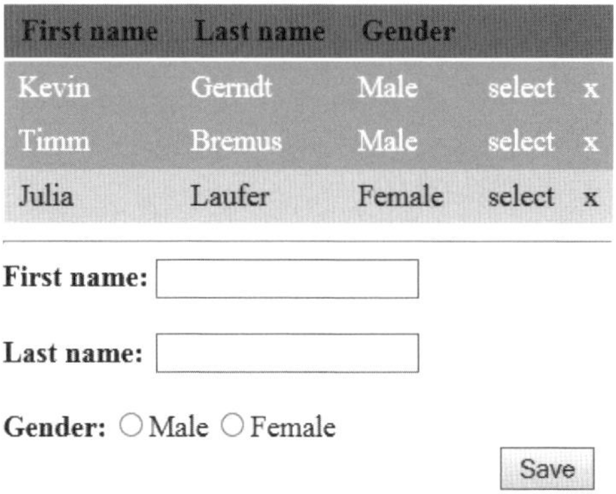

First name	Last name	Gender		
Kevin	Gerndt	Male	select	x
Timm	Bremus	Male	select	x
Julia	Laufer	Female	select	x

First name: [   ]

Last name: [   ]

Gender: ○ Male ○ Female

[Save]

Abb. 4.7: AngularJS Repeater

In Listing 4.31 wird der Einsatz des AngularJS Repeaters im HTML-Mark-up gezeigt. Die in der Direktive *ng-repeat* verwendete Syntax erinnert dabei stark an eine For-each-Schleife. Für jedes durchlaufene Objekt der People Collection wird ein neuer Scope erzeugt. Innerhalb dieses Scopes ist der Zugriff auf Eigenschaften und Funktionen des aktuell zu durchlaufenden Objekts innerhalb der Collection möglich. Soll auf Eigenschaftswerte oder Methoden des übergeordneten Scopes zugegriffen werden, ist mittels *$parent* auf ihn zu referenzieren. Der Repeat Scope hält darüber hinaus noch die nachfolgend aufgelisteten Variablen bereit.

- *$index*: Dieser numerische Typ repräsentiert den Iterator-Offset des aktuellen Objekts

- *$first*: Boolescher Wert, der angibt, ob es sich bei dem dargestellten Element um das erste innerhalb der Collection handelt

- *$middle*: Boolescher Wert, der angibt, ob es sich bei dem dargestellten Element um das mittlere der Collection handelt

- *$last*: Boolescher Wert, der angibt, ob es sich bei dem dargestellten Element um das letzte innerhalb der Collection handelt

- *$even*: Boolescher Wert, der wahr ist, wenn es sich bei dem Index des aktuell dargestellten Elements um eine gerade Zahl handelt

- *odd*: Boolescher Wert, der wahr ist, wenn es sich bei dem Index des aktuell dargestellten Elements um eine ungerade Zahl handelt

```
<body ng-app="appModule">
    <div ng-controller="appController">
        <table>
            <thead>
                <tr>
                    <th>First name</th>
                    <th>Last name</th>
                    <th>Gender</th>
                    <th></th>
                </tr>
            </thead>
            <tbody>
                <tr ng-repeat="person in people"
                    ng-class="(person.gender=='Male') ?
                        'male' : 'female'">
                    <td ng-bind="person.firstName"></td>
                    <td ng-bind="person.lastName"></td>
                    <td ng-bind="person.gender"></td>
                    <td ng-click="$parent.select(person)">
                        select
                    </td>
                    <td ng-click="$parent.remove($index)">
                        [x]
                    </td>
                </tr>
            </tbody>
        </table>

        <strong>First name:</strong>
        <input type="text" ng-model="newPerson.firstName">

        <strong>Last name:</strong>
        <input type="text" ng-model="newPerson.lastName">

        <strong>Gender:</strong>
        <input type="radio" name="Gender" value="Male"
            ng-model="newPerson.gender">Male />

        <input type="radio" name="Gender" value="Female"
```

```
            ng-model="newPerson.gender">Female />

        <input type="button" value="Save" ng-click="save()">
    </div>
</body>
```

Listing 4.31: Einsatz der Direktive „ng-repeat"

Jede durch den Repeater dargestellte Person basiert auf dem Personenfunktionsobjekt (Listing 4.31). Neben den Eigenschaften *firstName*, *lastName* und *gender* verfügt die Klasse über eine Funktion, die einen einfachen Hash-Wert, bestehend aus den Properties, zurückliefert. Die Funktion *save()* ermöglicht das Hinzufügen von neuen Personenobjekten zu der *people*-Collection. Innerhalb dieser Funktion wird bei jedem Funktionsaufruf ermittelt, ob eine Person mit identischen Daten bereits existiert. Die Überprüfung erfolgt anhand des berechneten Hash-Werts. Als Referenz dient ein String Array mit sämtlichen Personen-Hashes, das bei einer Änderung an dem Object Array neu erzeugt wird. Da JavaScript nativ nicht über eine *contains*-Methode für Arrays verfügt, wurde das Array-Objekt mittels Prototype um eine solche erweitert.

```
Array.prototype.contains = function(value){return!!~this.
                                          indexOf(value)}

function Person(firstName, lastName, gender) {
    this.firstName = firstName;
    this.lastName = lastName;
    this.gender = gender;

    this.getHash = function() {
        return this.firstName + this.lastName + this.gender;
    }
}

angular.module("appModule", [])
.controller("appController", function ($scope) {
    $scope.newPerson = new Person();
    $scope.people = [new Person("Kevin", "Gerndt", "Male"),
                new Person("Timm", "Bremus", "Male"),
                new Person("Julia", "Laufer", "Female")];
```

```
var peopleHashMap = [];
$scope.$watchCollection("people",
    function (newValues, oldValues) {
        angular.forEach(newValues, function(val, key) {
            peopleHashMap.push(val.getHash());
        });
    });

$scope.select = function(person) {
    $scope.newPerson.firstName = person.firstName;
    $scope.newPerson.lastName = person.lastName;
    $scope.newPerson.gender = person.gender;
}

$scope.remove = function(index) {
    $scope.people.splice(index, 1);
};

$scope.save = function() {
    var person = new Person($scope.newPerson.firstName,
    $scope.newPerson.lastName, $scope.newPerson.gender);

    angular.forEach($scope.people, function(val, key) {
        peopleHashMap.push(val.getHash());
    });

    if(!peopleHashMap.contains(person.getHash())) {
        $scope.people.push(person);
    }
    else {
        alert("A person with this personal data
            already exists");
    }
};
})
```

Listing 4.32: Implementierung der Repeater-Logik

Templates

Das vorangegangene Beispiel hat anhand eines einfachen Exempels gezeigt, wie sich Repeater in AngularJS dazu verwenden lassen, Inhalte eines Sammlungsobjekts in einer Tabelle darzustellen. Gelegentlich kommt es aber vor, dass solch einfache Formen der Datenvisualisierung nicht ausreichend sind. Für solche Fälle bietet AngularJS die bereits erwähnten Templates an. Im nachfolgenden Beispielszenario soll das im JavaScript (Listing 4.33) definierte Object Array *devices*, das als Datenquelle fungiert, in der Oberfläche dargestellt werden. Die Funktion *getTemplateType()* wird für eine Unterscheidung der beiden im HTML-Markup (Listing 4.34) spezifizierten Templates benötigt.

```javascript
function Device(type, id, price) {
    this.type = type;
    this.id = id;
    this.price = price;

    this.getTemplateType = function () {
        return this.type + ".html";
    }
}


angular.module("appModule", [])
.controller("appController", function ($scope) {
    $scope.devices =
        [new Device("mobilephone", "499613901052017", 799.00),
         new Device("mobilephone", "487545621542089",
                                                499.00),
         new Device("tablet", "1058-4729084-49", 549.00)
         new Device("tablet", "5120-8251889-83", 629.00)];
})
```

Listing 4.33: Datenquelle für AngularJS Repeater

Um die verschiedenen Templates innerhalb des Repeaters dynamisch laden zu können, wird die AngularJS-Direktive *ng-include* verwendet. Sie ermöglicht es, HTML-Markup aus einem Inline Template oder anderen HTML-Dokumenten zu laden. Für einen Zugriff auf Eigenschaften und Methoden des Scope-Objekts, das durch den Repeater erzeugt wird, ist es dem eigentlichen Bezeichner voranzustellen. Da der Wert der Eigenschaft *price* im Währungsformat ausgegeben werden soll, kommt der Formattingfilter *currency* zum Einsatz. Er sorgt für eine währungstypische Darstellung des Werts.

```
body ng-app="appModule">
    <script type="text/ng-template" id="mobilephone.html">
        <h2>Mobile phone</h2>
        <strong>IMEI: </strong>
        <span ng-bind="device.id"></span>
        <strong>Price: </strong>
        <span ng-bind="device.price | currency"></span>
    </script>

    <script type="text/ng-template" id="tablet.html">
        <h2>Tablet</h2>
        <strong>S/N: </strong>
        <span ng-bind="device.id"></span>
        <strong>Price: </strong>
        <span ng-bind="device.price | currency"></span>
    </script>

    <h1>Devices</h1>
    <div ng-controller="appController">
        <div ng-repeat="device in devices">
            <ng-include src="device.getTemplateType()">
            </ng-include>
        </div>
    </div>
</body>
```

Listing 4.34: Definieren von Repeater Templates

Während der Repeater über die einzelnen Elemente der Collection *devices* iteriert, wird die Direktive *ng-include* durch das im *src*-Attribut angegebene Template ersetzt. In Abbildung 4.8 ist das Ergebnis dargestellt.

Devices

Mobile phone

IMEI: 499613901052017
Price: $799.00

Mobile phone

IMEI: 487545621542089
Price: $499.00

Tablet

S/N: 1058-4729084-49
Price: $549.00

Abb. 4.8: AngularJS Repeater mit Templates

4.10 Bedingte Anzeige

Das bedingte Ein- und Ausblenden von DOM-Elementen ist ein essenzieller Bestandteil nahezu jeder modernen Webapplikation und kommt unter anderem bei Modaldialogen oder Tabs zum Einsatz. Typischerweise erfolgt die bedingte Anzeige solcher Elemente durch das Setzen des CSS-Attributs *display: none*. Häufig kommt es bei diesem Vorgehen zu einem direkten Zugriff auf das DOM und somit zu einer Vermischung von HTML-Markup und JavaScript-Code. Doch nicht so bei AngularJS. Welche Möglichkeiten das Framework bietet, wird im Folgenden näher erläutert.

4.10.1 Einfaches Ein- und Ausblenden

Für das Ein- oder Ausblenden von UI-Elementen lassen sich in AngularJS die beiden Direktiven *ng-show* und *ng-hide* einsetzen, wie in Listing 4.35 demonstriert wird.

```
<body ng-app>
    <label>Visible
```

```
    <input type="checkbox"
        ng-model="visible" />
</label>
<span ng-show="visible">I'm visible</span>

<label>Hide
    <input type="checkbox"
        ng-model="hide" />
</label>
<span ng-hide="hide">I'm hidden</span>
</body>
```

Listing 4.35: Ein- und Ausblenden von UI-Elementen

Beide Direktiven sorgen für ein Aus- beziehungsweise Einblenden des Zielelements je nach angegebener Bedingung. Die Anzeigesteuerung erfolgt durch das Hinzufügen oder Entfernen der CSS-Klasse *.ng-hide*. Diese nutzt die CSS-Eigenschaft *display* und setzt den Eigenschaftswert auf *none*. Um ein versehentliches Überschreiben des Styles zu verhindern, kommt zusätzlich das *!important*-Flag zum Einsatz.

Sollen spezielle Styles für das Ein- oder Ausblenden verwendet werden, ist es auch möglich, die Style-Klasse *.ng-hide* bei Bedarf zu überschreiben.

4.10.2 Erweiterte Möglichkeiten

Soll die Visibilität von verschiedenen UI-Elementen mit einer gemeinsamen Statusvariablen gesteuert werden, so bietet sich die Direktive *ng-switch* an (Listing 4.36).

```
<body ng-app>
    <select ng-model="person">
        <option>Kevin</option>
        <option>Timm</option>
        <option>Julia</option>
    </select>

    <strong>Full name: </strong>
    <div ng-switch="person">
        <span ng-switch-when="Kevin">Gerndt, Kevin</span>
```

```
      <span ng-switch-when="Timm">Bremus, Timm</span>
      <span ng-switch-when="Julia">Laufer, Julia</span>
    </div>
  </body>
```

Listing 4.36: Ein- und Ausblenden von Elementen mittels „ng-switch"

Das Konstrukt besteht aus einem Container, der mit dem *ng-switch*-Attribut versehen wird. Ist die in den Unterelementen mittels der Direktive *ng-switch-when* festgelegte Bedingung zutreffend, wird das entsprechende UI-Element angezeigt.

 Die Direktive *ng-switch-when* nimmt ausschließlich String-Konstanten als Attributwert entgegen. Beispielsweise stimmt der Wert *Kevin* mit der Bedingung *ng-switch-when="Kevin"* überein. Der Ausdruck *$scope.person* führt hingegen zu keiner Übereinstimmung, auch wenn er den Wert *Kevin* beinhaltet.

Neben *ng-show* und *ng-hide* stellt AngularJS noch die Direktive *ng-if* bereit (Listing 4.37). Diese unterscheidet sich von den beiden anderen Attributen insbesondere dadurch, dass nicht nur die Visibilität des Zielelements geändert, sondern das Element komplett aus dem DOM entfernt wird. Ein gängiger Anwendungsfall für den Einsatz dieser Direktive ergibt sich in Verbindung mit CSS-Pseudoklassenselektoren wie etwa *:first-child* oder *:last-child*. Wird der Selektor *:first-child* beispielsweise in einer HTML-Tabelle verwendet, um das erste Element farblich hervorzuheben, dieses aber anschließend mittels der Direktive *ng-show* ausgeblendet, funktioniert der Pseudoklassenselektor nicht mehr. Anders verhält sich die Situation bei Einsatz der *ng-if*-Direktive. Bei der Rekreation des Elements wird der erzeugte Scope verworfen und durch den übergeordneten überschrieben. Der Bereich verhält sich nun, als würde die Seite initial geladen werden. Besonders beachtenswert ist dieses Verhalten in Verbindung mit nachträglichen Manipulationen des DOM, zum Beispiel durch das Hinzufügen von Style-Klassen mittels jQuery.

```
<body ng-app>
    <label>Visible
```

```
        <input type="checkbox" ng-model="visible" />
    </label>
    <span ng-if="visible">I'm visible</span>
</body>
```

Listing 4.37: Entfernen von Elementen mittels „ng-if"

4.10.3 Bedingtes Inkludieren

Für das Einbinden von HTML-Fragmenten in Templates erweist sich die AngularJS-Direktive *ng-include* als äußerst nützlich. Sie gestattet sowohl die bedingte Anzeige von im Markup spezifizierten AngularJS Templates als auch von externen HTML-Dokumentinhalten. Listing 4.38 zeigt, wie anhand einer Radiobox-Auswahl zwischen der Anzeige der beiden Templates *mastercard.html* und *visa.html* unterschieden werden kann.

```
<body ng-app>
    <script type="text/ng-template" id="mastercard.html">
        <h2>Mastercard</h2>
    </script>

    <script type="text/ng-template" id="visa.html">
        <h2>Visa</h2>
    </script>

    <label>Payment
        <input ng-model="payment"
        type="radio" name="Payment" value="Mastercard">
        Mastercard
    </label>

    <input ng-model="payment"
        type="radio" name="Payment" value="Visa">
        Visa
    </label>
    <div ng-include="payment == 'Mastercard' ?
        'mastercard.html' : 'visa.html'">
    </div>
</body>
```

Listing 4.38: Bedingtes Inkludieren

4.11 Formulare

HTML-Markup bietet die Option, Eingabeformulare zu erstellen, die es Benutzern ermöglichen, Daten in Textfelder einzugeben, Einträge aus Listen auszuwählen, usw. Ist das Formular fertig ausgefüllt, lassen sich die Eingaben beispielsweise an einen Server übermitteln, um dort weiterverarbeitet zu werden. Gängige Anwendungsfälle für Formulare sind zum Beispiel:

- Ermitteln benutzerspezifischer Informationen
- Abfragen von Informationen für einen Suchvorgang in einer Datenquelle
- Anlegen von Daten in einer Datenquelle
- Ermöglichen individueller Benutzerinteraktionen

4.11.1 Einfache Eingabeformulare

Auf den ersten Blick scheint es sich bei dem in Listing 4.39 dargestellten HTML-Markup um ein simples Eingabeformular mit Standard-HTML-Komponenten zur Erfassung von Personendaten zu handeln. Bei einigen Eingabefeldern, etwa der E-Mail-Adresse oder dem Geburtsdatum, handelt es sich um HTML5-Typen. Der Vorteil dieser Attribute liegt klar auf der Hand. Dadurch, dass der Browser in der Lage ist, Eingaben anhand des spezifizierten *type*-Attributs zu validieren, kann der sonst benötigte JavaScript-Code eingespart werden. Damit das funktioniert, muss der Browser allerdings HTML5-fähig sein. Bei Webbrowsern, die diese Technologie nicht unterstützen, findet keine Validierung statt, sodass theoretisch immer ein Fallback implementiert werden muss. Doch AngularJS wäre nicht AngularJS, wenn das Framework nicht auch hierfür eine Lösung bereitstellen würde. Um zu verhindern, dass invalide Eingabedaten in das Model synchronisiert werden, nimmt AngularJS eine eigene Datenvalidierung vor. Das wird durch eine Funktionserweiterung der HTML5-Standard-Input-Typs ermöglicht. Die in der nachfolgenden Auflistung dargestellten AngularJS-Input-Direktiven unterstützen eine aktive Datenvalidierung.

- *input[checkbox]*
- *input[date]*
- *input[datetime-local]*
- *input[email]*
- *input[month]*
- *input[number]*
- *input[radio]*
- *input[text]*
- *input[time]*
- *input[url]*
- *input[week]*

```
<body ng-app="appModule">
    <div ng-controller="appController">
        <form>
            <label>First name:</label>
            <input type="text" ng-model="person.firstName"/>

            <label>Last name:</label>
            <input type="text" ng-model="person.lastName" />

            <label>E-Mail:</label>
            <input type="email" ng-model="person.email" />

            <label>Birthday:</label>
            <input type="date" placeholder="yyyy.dd.MM"
                ng-model="person.birthday" />

            <button type="button"
                ng-click="submit()">Submit</button>
        </form>

        <strong>JSON</strong>
        <span ng-bind="json"></span>
    </div>
</body>
```

Listing 4.39: Eingabeformular mit Typenvalidierung

Um die Formulardaten an einen Server, beziehungsweise eine Web-Service-Schnittstelle, übermitteln zu können, müssen die einzelnen Feldwerte noch mittels JavaScript ausgelesen und in ein transportfähiges Format wie etwa JSON konvertiert werden. Hierzu lassen sich die Eigenschaftswerte des im Markup erzeugten Personenobjekts einfach durch den Aufruf *$scope.person* abrufen (Listing 4.40). Anschließend kann das Personenobjekt durch die JavaScript-Funktion *JSON.stringify(…)* in einen JSON-String konvertiert werden.

```
angular.module("appModule", [])
.controller("appController", function ($scope) {
    $scope.submit = function(){
        var formdata= $scope.person;
        $scope.json = JSON.stringify(formdata);
    }
})
```

Listing 4.40: Konvertieren der Formulardaten zu JSON

Das Ergebnis lässt sich der Abbildung 4.9 entnehmen, die das Eingabeformular mit der entsprechenden Ausgabe der Daten im JSON-Format zeigt. Die Eingabedaten werden erst dann im Model, beziehungsweise JSON-String ergänzt wenn sie valide sind. Gibt der Benutzer beispielsweise eine E-Mail-Adresse ein, die nicht der gängigen E-Mail-Syntax entspricht, wird sie nicht in das Daten-Model synchronisiert und somit auch nicht im JSON angezeigt.

First name: Kevin

Last name: Gerndt

E-Mail: kevingerndt@googlemail.com

Birthday: 1990-01-23

Submit

JSON
{"firstName":"Kevin","birthday":"1990-01-22T23:00:00.000Z",
"lastName":"Gerndt","email":"kevingerndt@googlemail.com"}

Abb. 4.9: Eingabeformular mit Ausgabe von JSON-Daten

4.11.2 Validation

Häufig ist es nicht gewollt oder möglich, Benutzereingaben ohne eine Validierung der Daten zu verarbeiten. Das kann unterschiedliche Gründe haben. Zum einen kann durch eine Überprüfung der Daten direkt bei der Eingabe eine gewisse Datenqualität sichergestellt werden. Zum anderen müssen die Eingaben möglicherweise ein spezielles Format aufweisen, um die problemlose Weiterverarbeitung der Daten sicherzustellen. Des Weiteren steigert die clientseitige Validierung die Benutzerfreundlichkeit und das Anwendungserlebnis, da der Benutzer unmittelbar über fehlerhafte Eingaben informiert wird. Abbildung 4.10 stellt ein typisches Eingabeformular mit Typenvalidierung und Pflichtfeldern dar.

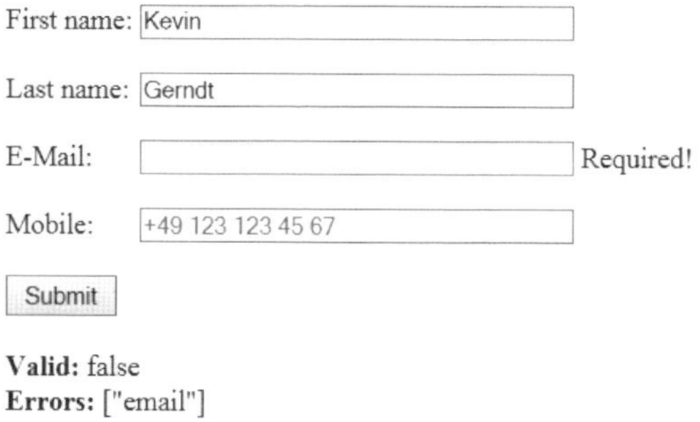

Abb. 4.10: Eingabeformular mit clientseitiger Eingabevalidierung

Gibt der Benutzer einen Wert in eines der vorgegebenen Eingabefelder ein, ändert sich die Darstellung des Controls, abhängig davon, ob die Eingabe für das Feld gültig oder ungültig ist. Um das Erscheinungsbild der einzelnen Eingabefelder anhand des Status zu ändern, versieht AngularJS die *form*-Elemente je nach Zustand mit einer entsprechenden Style-Klasse. Nachfolgend sind die von AngularJS für Form Input Controls verwendeten CSS-Klassen aufgelistet.

- *ng-valid*: Das Formular ist valide
- *ng-invalid*: Das Formular ist nicht valide
- *ng-pristine*: Gibt an, dass das Formular noch nicht durch den Benutzer bearbeitet wurde

- *ng-dirty*: Das Formular wurde durch den Benutzer bearbeitet

- *ng-submitted*: Wird verwendet, wenn das Formular abgeschickt wurde

Bei Bedarf ist es natürlich möglich, diese Klassen je nach gewünschtem Erscheinungsbild zu überschreiben. Das in Listing 4.41 dargestellte HTML-Markup bildet die Basis für das gezeigte Eingabeformular.

```
<body ng-app="appModule">
    <form name="personForm" ng-controller="appController">
        <label>First name:</label>
        <input type="text" name="firstName"
            ng-model="person.firstName" required />
        <span ng-if="personForm.firstName.$error.required">
            Required!
        </span>

        <label>Last name:</label>
        <input type="text" name="lastName"
            ng-model="person.lastName" required />
        <span ng-if="personForm.lastName.$error.required">
            Required!
        </span>

        <label>E-Mail:</label>
        <input type="email" name="email"
            ng-model="person.email" required />
        <span ng-if="personForm.email.$error.required">
            Required!
        </span>

        <label>Mobile:</label>
        <input type="text" name="mobile"
            ng-model="person.mobile"
            ng-pattern="/^[\d|\+|\(]+[\)]|\d|\s|-]*[\d]$/"
            placeholder="+49 123 123 45 67" />

        <button type="button" ng-click="submit()">
            Submit
        </button>

        <strong>Valid: </strong> {{personForm.$valid}}
        <strong>Errors: </strong> {{validationSummery}}
```

```
    </form>
  </body>
```

Listing 4.41: Eingabeformular-Markup

Eine visuelle Hervorhebung falsch ausgefüllter Felder ist zwar nett, aber hilft dem Benutzer unter Umständen nicht direkt bei der Identifizierung des Problems. Um dem Benutzer eine detaillierte Fehlermeldung darstellen zu können, verfügt jedes Input Control über eine Sammlung von aufgetretenen Validierungsfehlern (*$error*). Die einzelnen Fehler lassen sich nach dem Schema *Form-Name.Input-Name.$error.Typ* abrufen. So kann beispielsweise mit dem Code *personForm.firstName.$error.required* ermittelt werden, ob das Pflichtfeld *Firstname* ausgefüllt wurde und eine entsprechende Meldung anzeigt wird. Jedes *form*-Element erstellt eine neue Instanz der Klasse *FormController*. Diese erlaubt es dem Entwickler, den Status des Formulars abzurufen oder zu manipulieren. Als Alias für den Zugriff auf die Instanz des Form Controllers dient der Wert des *name*-Attributs. Somit lässt sich die Validität eines Eingabeformulars mithilfe des Codes *{{personForm.$valid}}* abrufen. Das Formular gilt als valide, sofern alle im Formular enthaltenen Eingabefelder korrekt ausgefüllt wurden. Sollen mehrere Formulare ineinander verschachtelt werden, um beispielsweise Formularuntergruppen abzubilden, ist das laut HTML-Spezifikation nicht erlaubt, beziehungsweise es wird nicht unterstützt. AngularJS stellt hierzu den Alias *ng-form* bereit. Bei verschachtelten Formularen gilt das kapselnde Formularelement als gültig, wenn alle untergeordneten Formulare valide sind. Neben der *$valid*-Eigenschaft bietet die Klasse *FormController* folgende Properties an:

- *$pristine*: Boolescher Wert, der *true* ist, sofern noch keine Interaktion zwischen dem Benutzer und dem Formular stattgefunden hat

- *$dirty*: Boolescher Wert, der angibt, ob der Benutzer bereits mit dem Eingabeformular interagiert hat

- *$valid*: Boolescher Wert, der angibt, ob sämtliche Eingabefelder innerhalb des Formulars korrekt ausgefüllt wurden

- *$invalid*: Boolescher Wert, der *false* ist, falls eines oder mehrere Formulareingabefelder nicht korrekt durch den Benutzer befüllt wurden

- *$submitted*: Boolescher Wert, der angibt, ob das Formular bereits abgesendet wurde
- *$error*: Ein Objekt-Hash, der Referenzen auf Form-Eingabe-Controls mit invaliden Eingabewerten enthält

Um die verschiedenen Formularzustände mittels JavaScript steuern zu können, stehen die nachfolgend aufgelisteten Methoden in der Klasse *FormController* zur Verfügung:

- *$rollbackViewValue()*: Setzt alle Eingabefelder des Formulars auf die aktuell im Model vorhandenen Werte zurück. Diese Methode wird typischerweise für den Reset-Button eines Formulars benötigt.
- *$commitViewValue()*: Übernimmt die Eingabewerte aller Form-Control-Elemente in das Data Model. Diese Methode ist besonders interessant, wenn die Debounce-Eigenschaft festgelegt wurde und somit keine unmittelbare Synchronisation zwischen Control-Elementen und Data Model stattfindet.
- *$addControl()*: Registriert ein Control in dem Zielformular.
- *$removeControl()*: Deregistriert ein Control aus dem Zielformular.
- *$setValidity()*: Legt den Validitätsstatus für das Zielformular fest.
- *$setDirty()*: Versetzt das Formular in den Status *dirty*. Diese Methode kann verwendet werden, um dem Zielformular die Klasse *ng-dirty* hinzuzufügen.
- *$setPristine()*: Versetzt das Formular in den Status *pristine*. Diese Methode kann genutzt werden, um die Style-Klasse *ng-dirty* von dem Formular-Tag zu entfernen. Gleichzeitig wird dem Formular die CSS-Klasse *ng-pristine* hinzugefügt.
- *$setUntouched()*: Versetzt das Formular in den Status *untouched*. Diese Methode kann verwendet werden, um die Style-Klasse *ng-touched* von dem Formular-Tag zu entfernen. Gleichzeitig wird dem Formular die CSS-Klasse *ng-untouched* hinzugefügt.
- *$setSubmitted()*: Versetzt das Formular in den Status *submitted* und fügt ihm die CSS-Klasse *ng-submitted* hinzu.

Vor allem in langen Eingabeformularen ist es nützlich, dem Benutzer eine Zusammenfassung aller Validierungsfehler anzuzeigen. Diese Informationen werden von der *$error*-Eigenschaft des *FormControler* bereitgestellt (Listing 4.42).

```
angular.module("appModule", [])
.controller("appController", function ($scope) {
    $scope.validationSummery = [];

    $scope.submit = function() {
        $scope.validationSummery.length = 0;

        angular.forEach($scope.personForm.$error.required,
        function(val, key) {
            $scope.validationSummery.push(val.$name);
        });

        if($scope.personForm.$valid) {
            var formdata= $scope.person;
            console.log(JSON.stringify(formdata));
        }
    }
})
```

Listing 4.42: Darstellen von Validierungsproblemen

Alle aufgetretenen Validierungsfehler sind im *$error*-Objekt nach Fehlertyp gruppiert. In dem gezeigten Codebeispiel werden somit über den JavaScript-Aufruf *$scope.personForm.$error.required* alle nicht ausgefüllten Pflichtfelder in Form eines Objekts zurückgeliefert. Die Namen der fehlerhaften Felder lassen sich über die Property *$name* abrufen und werden dann anschließend zu dem String Array *validationSummery* hinzugefügt.

4.11.3 Eigene Validatoren

Neben den bereits vorgestellten AngularJS-Validatoren bietet das Framework die Möglichkeit, eigene Direktiven zur Validierung von Eingabewerten zu entwickeln. Eine Direktive zur Validierung ist dabei nichts anderes als die Markierung eines DOM-Elements. Diese teilt dem AngularJS HTML-Compiler mit, dass das DOM-Element mit einer bestimmten Funktion zu versehen oder dass es zu transformieren ist. Die Funktionserweiterung beziehungsweise Transformation muss dabei aber nicht zwingend auf dem Element selbst stattfinden, sondern kann auch eines der Unterelemente betreffen. In Abbildung 4.11 werden zwei häufige Anforderungen für eigene Validierungsdirektiven gezeigt. Der Benutzer wird dazu aufgefordert, einen Benutzernamen, der später für die Anmeldung auf einer Webseite dient, festzulegen. Idealerweise wird bei der Eingabe des Benutzernamens bereits verifiziert, ob er noch verfügbar ist. In beiden Fällen, also wenn der Benutzername noch frei ist oder bereits vergeben, erhält der Benutzer unmittelbar ein visuelles Feedback. Zu einer Registrierung gehört in den meisten Fällen auch die Vergabe eines Passworts durch den Benutzer. Um sicherstellen zu können, dass sich beim Festlegen des Passworts kein Schreibfehler eingeschlichen hat, muss die Eingabe des Passworts auf den meisten Webseiten noch einmal wiederholt werden. Nur wenn beide Eingaben identisch sind, lässt sich der Registrierungsvorgang abschließen.

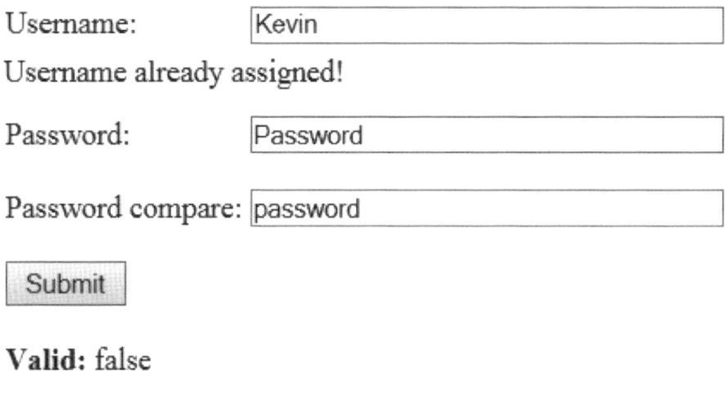

Username: Kevin
Username already assigned!

Password: Password

Password compare: password

Submit

Valid: false

Abb. 4.11: Eingabeformular mit speziellen Validatoren

In Listing 4.43 ist der notwendige JavaScript-Code für die zwei Direktiven zur Eindeutigkeitsüberprüfung des Benutzernamens und der Passwortvalidierung dargestellt. Wie auch Controller, werden Direktiven auf einem AngularJS Module registriert. Um eine neue Direktive zu erstellen, muss das *module.direktive*-API verwendet werden. Die AngularJS-Methode *directive(…)* nimmt als ersten Parameter den Namen der Direktive entgegen, der auch später im HTML-Markup zur Markierung von DOM-Elementen verwendet wird. Als zweiter Parameter wird eine Factory-Funktion erwartet. Diese muss ein Objekt zurückgeben, das die Funktion der Direktive festlegt. Des Weiteren entscheidet die AngularJS-*$compile*-Funktion anhand des zurückgegebenen Objekts, welche DOM-Elemente mit der Funktion versehen beziehungsweise manipuliert werden. Die *factory*-Funktion wird ausschließlich beim ersten Identifizieren eines Ziel-DOM-Elements ausgeführt. Um den Gültigkeitsbereich einer Direktive einzuschränken, lässt sich die Eigenschaft *restrict* verwenden. Sie ermöglicht es, die Direktive auf einen bestimmten Deklarationstyp zu restriktieren. Wenn kein Wert festgelegt wurde, gilt die Direktive für Element- und Attributdeklarationen (A und E). Die folgenden Angaben sind als Wert zulässig:

- E: Elementdeklaration
- A: Attributdeklaration
- C: Klassendeklaration
- M: Kommentardeklaration

Es ist darüber hinaus auch möglich, mehrere Werte anzugeben. Soll die Direktive zum Beispiel für Element- und Kommentardeklaration gültig sein, so muss *EM* als Wert festgelegt werden. Besitzt eine Direktive notwendige Abhängigkeiten zu anderen AngularJS-Komponenten, wird dies mittels der Eigenschaft *require* festgelegt. Für den Fall, dass diese mehr als eine Abhängigkeit besitzt, kann die Property darüber hinaus ein Argument-Array entgegennehmen. Das wohl häufigste Einsatzszenario für eine Direktive ist die Manipulation von DOM-Elementen. Typischerweise verwenden diese Direktiven die Eigenschaft *link,* um Zugriff auf die benötigten Komponenten zu erlangen. Diese Option wiederum erwartet eine Funktion mit der Methodensignatur *function link(scope, element, attributes) { … }* und erwartet die folgenden Parameter:

- *scope*: Das AngularJS-Scope-Objekt
- *element*: Repräsentiert ein jqLite-Objekt der entsprechenden Direktive
- *attributes*: Ein Hash-Objekt, das eine Sammlung aller Attributnamen als Key-Value Pairs beinhaltet

```
angular.module("appModule", [])
.directive('unique', function () {
    return {
        restrict: 'A',
        require: 'ngModel',

        link: function (scope, elm, attrs, ctrl) {
            ctrl.$parsers.unshift(function (viewValue) {
                if (scope[attrs.unique].
                    indexOf(viewValue) !== -1) {
                    ctrl.$setValidity('unique', false);
                    return false;
                } else {
                    ctrl.$setValidity('unique', true);
                    return true;
                }
            });
        }
    };
})
.directive('compare', function () {
    return {
        require: "ngModel",
        scope: {
            compareVal: "=compare"
        },

        link: function(scope, elm, attrs, ctrl) {
            ctrl.$validators.compare = function(modelValue)
            {
                return modelValue == scope.compareVal;
            };

            scope.$watch("compareVal", function() {
                ctrl.$validate();
            });
        }
    };
}).controller("appController", function ($scope) {
    $scope.users = ["Kevin", "Timm", "Julia"];
})
```

Listing 4.43: Spezielle Validierungsdirektiven

Die Verwendung der Direktiven im HTML-Markup wird in Listing 5.44 ersichtlich. Um den Benutzer bei einem spezifischen Validierungsfehler, beispielsweise für den Fall, dass ein eingegebener Benutzername bereits existiert, zu informieren, ist der Zugriff auf die in der Direktive definierte *unique*-Eigenschaft möglich. Diese Property wurde zuvor im JavaScript festgelegt. Anhand des Eigenschaftswerts wird dann ein *<span>*-Element mit einem entsprechenden Fehlertext eingeblendet.

```
<body ng-app="appModule">
    <form name="registerForm"
        ng-controller="appController">
        <label>Username:</label>
        <input type="text" name="username"
          ng-model="form.username" unique="users" required />
        <span ng-if="registerForm.username.$error.required">
            Required!
        </span>
        <span ng-if="registerForm.username.$error.unique">
            Username already assigned!
        </span>

        <label>Password:</label>
        <input type="text" name="password"
            ng-model="form.password" required />

        <label>Password compare:</label>
        <input type="text" name="passwordCompare"
            ng-model="form.passwordCompare"
            compare="form.password" required />

        <button type="button">Submit</button>
        <strong>Valid: </strong>
        {{registrationForm.$valid}}
    </form>
</body>
```

Listing 4.44: Einsatz von Validierungsdirektiven

4.12 Web-Services-Interaktion

Ein wichtiger Funktionsbestandteil jeder SPA ist die Backend-Interaktion mittels einer Web-Services-Schnittstelle. Diese ermöglicht es der Anwendung, Daten asynchron abzurufen und in der Weboberfläche darzustellen, ohne dass die gesamte Webseite neu geladen werden muss. Neben der Datendarstellung ist es darüber hinaus auch möglich, komplette HTML-Templates beziehungsweise Partial Views asynchron zu laden und anzuzeigen.

Kommunikation mit RESTful APIs

REST steht für Representational State Transfer und bezeichnet ein Programmierparadigma für Webanwendungen. REST stellt eine einfache Alternative zu ähnlichen Verfahren wie etwa SOAP oder WSDL dar. Der Unterschied zu einem klassischen Web Service, bei dem HTTP lediglich als Transportschicht dient, um beispielsweise SOAP anzufragen und zu verarbeiten, besteht darin, dass in REST-APIs HTTP als Application-Level-Protokoll eingesetzt wird. Das hat den Vorteil, dass viele positive Eigenschaften wie die HTTP-Statuscodes oder auch die HTTP-Verbs (GET, POST, PUT und DELETE) verwendet werden können. Die statuslose Natur des HTTP-Protokolls setzt voraus, dass alle nötigen Informationen in einem Request übertragen werden. Somit ist kein Session-Handling auf dem Server notwendig. Das spart zum einen wertvolle Ressourcen ein, hat aber gleichzeitig den angenehmen Nebeneffekt, dass jede eingehende Anfrage von jedem verfügbaren Server verarbeitet werden kann. Im Ergebnis lassen sich REST Services extrem gut skalieren und eignen sich auch als Basistechnologie für schnell wachsende Anwendungen. Frameworks für die Entwicklung von REST-APIs stehen für nahezu alle Entwicklungssprachen zur Verfügung. Für Entwickler, die sich im Bereich der Microsoft-Technologien beheimatet fühlen, bietet sich die Verwendung von ASP.NET Web API an. Dieses Backend-Framework zeichnet sich aus durch Features wie Content Negotiation, also das Bereitstellen von Daten in einem vom Client präferierten Format oder auch OData-Unterstützung. In Kapitel 6 werden die notwendigen Schritte zur Entwicklung einer Backend-Schnittstelle auf Basis von ASP.NET Web API sowie die wichtigsten Funktionsbestandteile näher erläutert. Ein wohlbekanntes Szenario für die Backend-Interaktion ist das Abrufen und Speichern von Benutzerdaten. In Abbildung 4.12 ist die Oberfläche einer Beispielanwendung zur Verwaltung von Kontakten dargestellt. Diese besteht aus einer Tabelle und einer Eingabemaske, die es gestattet, neue Personen anzulegen beziehungsweise nach Auswahl der entsprechenden Zeile wieder zu bearbeiten.

Als Backend-Technologie kommt ein ASP.NET Web API zum Einsatz, das die in Tabelle 4.1 gezeigten CRUD-Operationen bereitstellt.

Abb. 4.12: Datendarstellung und Eingabemaske für Kontaktverwaltung

URL	HTTP-Methode	Beschreibung
.../api/users	GET	Liefert alle vorhandenen Benutzer zurück
.../api/users/1	GET	Liefert einen bestimmten Benutzer anhand der angegebenen ID zurück
.../api/users	POST	Erzeugt einen neuen Benutzer

URL	HTTP-Methode	Beschreibung
.../api/users/1	PUT	Aktualisiert die Daten eines bestimmten Benutzers mit der zutreffenden ID; zu beachten ist, dass die Bezeichner der im Payload übermittelten Eigenschaften mit denen des Web-API Identisch sind
.../api/users/1	DELETE	Löscht den Benutzer mit der angegebenen ID

Tabelle 4.1: REST-Service-Operationen

Ein GET-Aufruf des URL *.../api/users* liefert somit das nachfolgende JSON zurück:

```
[{"ID":15,"Firstname":"Kevin","Lastname":"Gerndt",
"Country":0}, {"ID":16,"Firstname":"Timm",
"Lastname":"Bremus","Country":0},{"ID":17,
"Firstname":"Julia","Lastname":"Laufer",
"Country":0},{"ID":18,"Firstname":"Max",'
"Lastname":"Mustermann","Country":1}]
```

AngularJS stellt verschiedene Services für das Abrufen von Daten bereit. Diese lassen einen komfortablen und einfachen Zugriff auf Web-Service-Schnittstellen zu. Der *$http*-Service verbirgt sich im AngularJS-Kern und erlaubt eine Kommunikation zu HTTP-Remote-Servern mittels des Browser-*XMLHttpRequest*-Objekts beziehungsweise über JSONP (Listing 4.45). Ein Vorteil des *$http*-Service besteht in der guten Unit-Testbarkeit, die besonders bei komplexeren Schnittstellen einen großen Mehrwert bietet. Das API des *$http*-Service stellt für jedes HTTP-Verb eine entsprechende Methode zur Verfügung. Hinter den einzelnen Methoden des Service verbergen sich letztendlich gekapselte jQuery-*ajax(...)*-Aufrufe. Der *$http*-Service verwendet die AngularJS-Implementierung des *deferred/promise*-API-Patterns in Form des *$q*-Service. Jede Funktion des *$http*-Service liefert somit ein Promise zurück, sodass eine asynchrone Methodenausführung möglich ist. Die clientseitige Schnittstellenimplementation für die Kommunikation mit dem RESTful

API erfolgt in einer AngularJS Factory. Auch wenn theoretisch ein direkter Zugriff aus dem Controller heraus auf die Schnittstelle möglich wäre, empfiehlt sich unter den Aspekten der Wiederverwendbarkeit und Modularisierung eine Auslagerung der Datenzugriffslogik in einen AngularJS-Service. Dependency Injection ermöglicht das spätere Injizieren der Factory in einen Controller, sodass sämtliche Factory-Methoden in ihm aufrufbar sind. Über einen Value-Service wird die Funktion *getCountries()* modulweit registriert. Diese Funktion stellt eine Menge an Key-Value Pairs bereit, über die sich dann anhand des vom Web Service zurückgelieferten Enumerationswerts der Ländername ermitteln lässt. Das Erzeugen und Aktualisieren von Personenentitäten übernimmt die *save()*-Methode des Controllers. Soll ein User-Objekt neu erzeugt werden, wird die Factory-Methode *createUser(...)* aufgerufen. Andernfalls erfolgt ein Aufruf der Methode *updateUser(...)*. Beide Funktionen liefern eine Promise zurück. Übermittelt der Web-Service-Aufruf den HTTP-Statuscode 201 (Created), so wird der Success Callback der *then*-Methode ausgeführt und die Funktion *refresh()* aufgerufen, die letztendlich für das Aktualisieren der Ansicht sorgt.

```
var app = angular.module("appModule", []);

app.factory('userFactory', ['$http', function($http) {
    var urlBase = '.../api/user';
    var userFactory = {};
    userFactory.getUsers = function () {
        return $http.get(urlBase);
    };

    userFactory.getUser = function (id) {
        return $http.get(urlBase + '/' + id);
    };

    userFactory.createUser = function (user) {
        return $http.post(urlBase, user);
    };

    userFactory.updateUser = function (user) {
        return $http.put(urlBase + '/' + user.ID, user)
    };
```

```
    userFactory.deleteUser = function (id) {
        return $http.delete(urlBase + '/' + id);
    };

    return userFactory;
}]);

app.value("getCountries", function () {
    return { "Germany" : 0, "Austria" : 1, "Switzerland" : 2
};
});

app.controller("userController", function ($scope,
    getCountries, userFactory) {
        $scope.newUser = {};
        $scope.countries = getCountries();

        $scope.getCountry = function(index) {
            var label;
            angular.forEach(getCountries(),
                function(val, key) {
                    if(val == index) label = key;
                });

                return label;
        }

        $scope.refresh = function () {
            userFactory.getUsers()
                .then(function (response) {
                    $scope.users = response.data;
            });
        }

        $scope.save = function () {
            var user = $scope.newUser;
            user.Country = user.Country;

            if (user.ID == undefined) {
                userFactory.createUser(user)
                    .then(function () {
                        $scope.refresh();
                });
```

```
      }
      else {
          userFactory.updateUser(user)
              .then(function () {
                  $scope.refresh();
              });
      }
  }

  $scope.deleteUser = function (user) {
      userFactory.deleteUser(user.ID).then(function ()
{
          $scope.refresh();
      });
  }

  $scope.selectUser = function (user) {
      $scope.newUser.Firstname = user.Firstname;
      $scope.newUser.Lastname = user.Lastname;
      $scope.newUser.Country = user.Country;
      $scope.newUser.ID = user.ID;
  }

  $scope.refresh();
})
```

Listing 4.45: REST-Service-Kommunikation

In Listing 4.46 ist das für die Anwendung notwendige HTML-Markup abgebildet. Es besteht im Wesentlichen aus einer Tabelle zur Visualisierung der Personendaten und Eingabefeldern zur Erfassung von Daten. Damit anstatt des vom Web Service erhaltenen Enumerationswerts das Herkunftsland der entsprechenden Person angezeigt wird, muss für jeden Eintrag in der Tabelle die Methode *{{$parent.getCountry(user.Country)}}* aufgerufen werden. Die Funktionen *selectUser(...)* und *deleteUser(...)*, die sich im Controller Scope befinden, nehmen jeweils das im Repeater Item Scope erzeugte User-Objekt entgegen.

```
<body ng-app="appModule">
    <div ng-controller="userController">
        <table>
```

```
<thead>
    <tr>
        <th>First name</th>
        <th>Last name</th>
        <th>Country</th>
        <th></th>
        <th></th>
    </tr>
</thead>
<tbody>
    <tr ng-repeat="user in users">
        <td ng-bind="user.Firstname"></td>
        <td ng-bind="user.Lastname"></td>
        <td>
            {{$parent.getCountry(user.Country)}}
        </td>
        <td ng-click="$parent.selectUser(user)">
            select
        </td>
            <td ng-click="$parent.deleteUser(user)">
            [x]
        </td>
    </tr>
</tbody>
</table>

<strong>First name:</strong>
<input type="text" ng-model="newUser.Firstname">

<strong>Last name:</strong>
<input type="text" ng-model="newUser.Lastname">

<strong>Country:</strong>
<select
    ng-options="name for (name, value) in countries"
    ng-model="newUser.Country" >

<input type="button" value="Save" ng-click="save()" >
</div>
</body>
```

Listing 4.46: HTML-Markup „Kontaktverwaltung"

4.13 Animationen

Egal ob einfacher Fade-in-Effekt oder komplexe CSS3-Keyframe-Animation – gezielt eingesetzte Animationseffekte können den Benutzer schnell begeistern und verleihen Webanwendungen zudem eine angenehme Dynamik. AngularJS unterstützt Animationen von Haus aus für den Großteil der Direktiven wie etwa *ngIf*, *ngRepeat*, *ngSwitch* oder *ngView*. Sollen selbst entwickelte Direktiven um eine Unterstützung für Animationen erweitert werden, ist das mit dem AngularJS-*$animation*-Service möglich. In Tabelle 4.2 sind alle AngularJS-Direktiven aufgeführt, die Animationen out of the Box unterstützen.

Direktive	Unterstützte Animationen
ng-repeat	enter, leave, move
ng-view	enter, leave
ng-include	enter, leave
ng-switch	enter, leave
ng-if	enter, leave
ng-class	add, remove
ng-show	add, remove
ng-hide	add, remove
form & ng-model	add, remove (dirty, pristine, valid, invalid sowie alle anderen Validationstypen)
ng-messages	add, remove (ng-active, ng-inactive)
ng-message	enter, leave

Tabelle 4.2: AngularJS-Direktiven mit Animationsunterstützung

Effekte lassen sich zum Beispiel beim Hinzufügen oder Entfernen von Elementen in einem Repeater ausführen. Damit es beim Anwendungsstart nicht zu einem totalen Animationschaos kommt, werden diese beim initialen Laden der Webanwendung nicht ausgeführt. Um Animationen für ein Element festzulegen, stellt AngularJS die Direktive *ng-animate* bereit.

Um Animationen in einer AngularJS-Anwendung verwenden zu können, wird die Erweiterung *angular-animate.js* benötigt. Diese lässt sich beispielsweise über den CDN-Link *https://cdnjs.cloud-flare.com/ajax/libs/angular.js/1.3.11/angular-animate.min.js* in die Anwendung integrieren.

Prinzipiell gibt es drei Wege, eine Animation in AngularJS zu erstellen: CSS3-Transitions, CSS3-Animationen und JavaScript. Die beiden letztgenannten Typen unterscheiden sich im Wesentlichen in der Art der Definition. CSS3-Animationen erlauben eine Key-Frame-basierte Festlegung des Animationspfads und bieten somit die Möglichkeit, komplexe Animationen zu erstellen. Bei CSS3-Transitions wird hingegen lediglich der Übergangswechsel von einer oder mehreren CSS-Eigenschaften animiert. Im Folgenden wird erläutert, wie sich CSS3-Transitions und JavaScript-basierte Animationen verwenden lassen, die User Experience zu verbessern.

4.13.1 Animationen mit CSS3 Transitions

Die CSS3 Spezifikation beschreibt CSS Transitions als einen Weg, den Zeitraum zu definieren, den eine CSS-Eigenschaft für einen Statusübergang benötigt. Im Normalfall wirkt sich die Veränderung einer CSS-Eigenschaft unmittelbar auf die Darstellung in der Oberfläche aus, beispielsweise wenn die Größendarstellung eines Bilds angepasst wird. Mit CSS3 Transitions ist es möglich, den Zeitraum für diesen Übergang festzulegen. Die Engine des Browsers errechnet dann die verschiedenen Zwischenschritte, die notwendig sind, um eine Animation zu erzeugen. Diese Art von Übergängen wird als „implizite Transition" bezeichnet, da die Animationsschritte zwischen dem Ausgangsstatus und dem Endpunkt implizit durch den Webbrowser definiert werden. Ein einfaches, aber sehr wirkungsvolles Anwendungsszenario für CSS3 Transitions ist der Einsatz in einem Repeater, wie in Listing 4.47 demonstriert wird. Beim Hinzufügen eines neuen Listenelements fliegt dieses vom rechten Bildschirmrand ein. Das Entfernen von Elementen führt zu einem invertierten Abspielen der Animation. Ermöglicht wird diese einfache Transition durch die *ng-repeat*-Direktive, die jedes hinzugefügte Element um die CSS-Klasse *ng-enter* ergänzt. Beim Entfernen eines Elements wird diese Klasse wiederum durch die Style-Klasse *ng-leave* substituiert. CSS-Klassen mit dem Suffix *-active* dienen der Beschreibung des Zielzustands.

 Um eine maximale Browserkompatibilität der CSS3 Transitions sicherstellen zu können, empfiehlt sich die Angabe eines Prefix Providers, wie etwa der HTML Render Engine WebKit.

Mithilfe der CSS-Eigenschaft *transition-property* lassen sich die zu animierenden Eigenschaften mit den folgenden Werten festlegen:

- *none*: Die Transition wird auf keine CSS-Eigenschaft angewendet
- *all*: Hierbei handelt es sich um den Standardwert; alle Eigenschaften werden animiert dargestellt
- *property*: Eine kommaseparierte Liste von CSS-Eigenschaften, die animiert dargestellt werden sollen
- *initial*: Legt die Eigenschaft auf ihren Standardwert fest
- *inherit*: Erbt die Eigenschaften von dem übergeordneten Element

```
//CSS
<style>
    li.ng-enter {
        -webkit-transition: 1s ease;
        transition: 2s;
        margin-left: 100%;
        opacity: 0;
    }

    li.ng-enter-active {
        margin-left: 0;
        opacity: 1;
    }

    li.ng-leave {
        -webkit-transition: 1s ease;
        transition: 1s;
```

```
    opacity: 1;
    margin-left: 0;
}

li.ng-leave-active {
    margin-left: 100%;
    opacity: 0;
}
</style>

//HTML-Markup
<body ng-app="appModule">
    <div ng-controller="appController">
        <ul>
            <li ng-repeat="person in people">
                {{ person.firstName + ", " + person.lastName
}}
            </li>
        </ul>
    </div>
</body>
```

Listing 4.47: Animation, basierend auf CSS3 Transitions

Das Geschwindigkeitsverhalten einer CSS3 Transition lässt sich mit den folgenden Werten beeinflussen:

- *ease*: Hierbei handelt es sich um den Standardwert. Die Transition beginnt langsam, nimmt an Geschwindigkeit zu und verlangsamt zum Ende hin. Zwei Drittel der Transition sind somit nach der Hälfte der Zeit dargestellt.

- *ease-in*: Die Transition beginnt langsam und nimmt schnell an Geschwindigkeit zu.

- *ease-out*: Die Transition beginnt schnell und endet langsam.

- *ease-in-out*: Die Transition beginnt und endet langsam. In der Mitte ist die Geschwindigkeit am höchsten.

- *linear*: Die Transition wird mit konstanter Geschwindigkeit abgespielt.

Soll mittels JavaScript auf eine abgeschlossene Transition reagiert werden, so ist das mit dem *transitionend*-Event möglich (Listing 4.48). Zu beachten ist, dass das Event nicht eintritt, wenn die Transition vorzeitig abgebrochen wurde.

```
element.addEventListener("transitionend",
transitionSuccess, true);
```

Listing 4.48: Auf abgeschlossene CSS3 Transitions reagieren

Das *transitionend*-Event verfügt über zwei Eigenschaften, mit denen sich Details zu der aktuell abgeschlossenen Transition abrufen lassen:

- *propertyName*: Ein String, der den Namen der CSS-Eigenschaft enthält.

- *elapsedTime*: Beinhaltet den benötigten Zeitabschnitt vom Auslösen der Transition bis zu ihrem Ende in Form eines Float-Werts.

 Die Webseite *http://www.css3maker.com/* bietet verschiedene Onlinetools an, um beispielsweise CSS3 Transitions oder CSS3-Animationen zu erstellen. Der generierte CSS-Code kann dann heruntergeladen und als Animation in AngularJS verwendet werden.

4.13.2 Animationen mit jQuery

Der Vorteil von JavaScript-basierten Animationen im Vergleich mit CSS3 Transitions liegt in der besseren Browserkompatibilität. CSS3 wird meist nur von modernen Webbrowsern unterstützt. jQuery 1.x hingegen bietet eine Abwärtskompatibilität bis hin zu Internet Explorer 6. Darüber hinaus werden komplexe CSS3 Transitions schnell unübersichtlich. Mit der Funktion *animate(properties, [duration], [easing], [complete])* stellt jQuery eine optimale Methode bereit, um CSS-Eigenschaften mit numerischen Werten zu animieren. Das Prinzip dahinter ist vergleichbar mit dem der CSS3 Transitions. Die jQuery-Methode *animate(…)* passt den Wert der zu animierende CSS-Eigenschaft dabei schrittweise an, und zwar so lange, bis der definierte Zielzustand erreicht ist.

Das Einbinden der Erweiterung jQuery UI erlaubt es mit der *animate(...)*-Methode, auch nichtnumerische CSS Properties, etwa die Eigenschaft *Color*, zu animieren. Die Bibliothek kann über den URL *https://code.jquery.com/ui/1.11.3/jquery-ui.min.js* direkt in die Anwendung integriert oder heruntergeladen werden.

Im Folgenden sind die einzelnen Parameter der *animate(...)*-Funktion näher erläutert:

- *properties*: Ein Objekt, bestehend aus Key-Value Pairs. Die CSS-Eigenschaft wird durch den Key repräsentiert. Eigenschaften, deren Bezeichner einen Bindestrich enthält, etwa *margin-top*, müssen in der Camel-Case-Schreibweise, also *marginTop*, aufgeführt werden. Als *value* wird der Eigenschaftswert angegeben. Dabei kann es sich entweder um einen String oder einen numerischen Wert handeln.

- *duration*: Diese Eigenschaft beschreibt die Dauer der auszuführenden Animation und ist optional. Ist kein expliziter Wert angegeben, wird ein Standardwert von 400 ms verwendet. Die Festlegung der Animationsdauer kann entweder als String (*slow*, *fast*) oder als numerischer Wert in Millisekunden erfolgen.

- *easing*: Diese Eigenschaft legt den zeitlichen Animationsverlauf fest und ist optional. Gültige Werte sind *swing* oder *linear*. Der Standardwert ist *swing*. Weitere *easing*-Funktionen lassen sich über verschiedene jQuery-Plug-ins hinzufügen.

- *complete*: Hierbei handelt es sich um eine Callback-Funktion, die aufgerufen wird, sobald die definierte Animation abgeschlossen ist.

Um die Unterschiede zwischen einer CSS- und einer jQuery-basierten Animation besser hervorheben zu können, soll in diesem Beispiel ein identischer Animationseffekt wie bei den CSS3 Transitions erzielt werden. Das in Listing 5.49 gezeigte HTML-Markup unterscheidet sich somit im Wesentlichen durch das Einbinden der jQuery-Bibliothek und das Festlegen der CSS-Klasse *person-item* auf dem HTML *<li>*-Tag.

Sind zusätzlich zu einer JavaScript-basierten Animation auch CSS3 Transitions definiert, so werden beide Animationen abgespielt.

```html
<head>
    <script type="text/javascript"
        src="https://code.jquery.com/jquery-1.11.2.min.js">
    </script>
</head>
<body ng-app="appModule">
    <div ng-controller="appController">
        <ul>
            <li ng-repeat="person in people"
                class="person-item">
                {{ person.firstName + ", " + person.lastName }}
            </li>
        </ul>
    </div>
</body>
```

Listing 4.49: HTML-Markup für JavaScript-basierte Animationen

Die Registrierung einer JavaScript-basierten Animation erfolgt mittels der AngularJS-Methode *animation(...)*, die nach dem Laden der Erweiterung *ngAnimate* auf jedem Modul zur Verfügung steht (Listing 4.50). Mit dem ersten Methodenparameter der Funktion *animation(...)* wird der CSS-Klassenname festgelegt. Als zweiter Parameter wird eine Funktion erwartet, die ein Definitionsobjekt aller Animationsmethoden zurückgibt. Folgende Methoden stehen dabei zur Verfügung:

- *enter(element, done)*
- *leave(element, done)*
- *move(element, done)*
- *addClass(element, className, done)*
- *removeClass(element, className, done)*

Alle Funktionen verfügen über den Parameter *element*. Dieser erlaubt einen direkten Zugriff auf das DOM-Element und somit beispielsweise auf dessen CSS-Eigenschaften. Der Callback *done(...)* wird ausgeführt, sobald die Funktion beendet wurde und lässt sich in Verbindung mit der Eigenschaft *isCancelled* beispielsweise dazu verwenden, die Animationsqueue aufzuräumen. So kann einem ungewünschten Überlagern von Animationen vorgebeugt werden. Die Funktionen *addClass(...)* und *removeClass(...)* bieten zusätzlich noch die Eigenschaft *className*, mit der sich der Name der hinzugefügten oder entfernten CSS-Klasse ermitteln lässt.

```
var appModule = angular.module("appModule", ['ngAnimate'])
.controller("appController", function ($scope) {
    ...
});

appModule.animation('.person-item', function() {
    return {
        enter: function(element, done) {
            element.css('opacity', 0)
                .css('margin-left', '100%');
            $(element).animate({
                opacity: 1,
                marginLeft: '0%'
            }, 'slow', 'linear', done);

            return function(isCancelled) {
                if(isCancelled) {
                    $(element).stop();
                }
            }
        },

        leave: function(element, done) {
            element.css('opacity', 1)
                .css('margin-left', '0');
            $(element).animate({
                opacity: 0,
                marginLeft: '100%'
            }, 'slow', 'linear', done);

            return function(isCancelled) {
                if(isCancelled) {
                    $(element).stop();
```

entwickler.press

```
        }
      }
    },

    move: function(element, done) { … },
    addClass : function(element, className, done) { … },
    removeClass : function(element, className, done) { …
  }
});
```

Listing 4.50: jQuery-basierte Animationen

4.14 Internationalisierung

Da die meisten Webseiten im gesamten Internet verfügbar sind und somit von verschiedensprachigen Kulturkreisen aufgerufen werden können, spielt Internationalisierung häufig eine übergeordnete Rolle. Genauso interessant ist Internationalisierung natürlich für länderübergreifende Businessanwendungen. Der Begriff „Internationalisierung" wird häufig mit dem Numeronym i18n abgekürzt und schließt neben multilingualen Oberflächen auch die angepasste Darstellung, beispielsweise von Währungssymbolen ein. AngularJS bietet Out-of-the-Box-Internationalisierungs- und Lokalisierungsfeatures für sämtliche Filterkomponenten an. Diese Unterstützung beschränkt sich allerdings auf Datums-, Zahlen-, und Währungsformatierungen. Um AngularJS anzuweisen, die Formatierungsrichtlinien für eine bestimmte Sprachkultur anzuzeigen, muss die entsprechende Sprachdatei inkludiert werden. Diese Internationalisierungsdateien enthalten Berechnungslogiken und Konstanten, beispielsweise für die Monatsnamen der ausgewählten Sprache.

 Sprachdateien für AngularJS-Anwendungen können von der Webseite *https://code.angularjs.org/1.3.11/i18n/* bezogen werden.

Die Benennung der Lokalisierungsdateien unterliegt der Namenskonvention *angular-locale_* + *Lokalisierungs-ID*, somit ist es einfach möglich, die Darstellung durch Laden der gewünschten Sprachdatei zu beeinflussen.

Die Lokalisierungs-ID steht für eine bestimmte geografische oder politische Region und setzt sich aus dem Sprachkürzel und einem Länderkürzel zusammen. Für deutschsprachige Regionen innerhalb der Schweiz würde somit die Lokalisierungs-ID de-CH verwendet werden. Verfügt ein Land nur über eine Amtssprache, lässt sich auch eine einfache Lokalisierungs-ID wie etwa *de* für Deutschland verwenden. Zu beachten ist, dass die Lokalisierungsdatei stets nach der AngularJS-Kernbibliothek eingebunden werden muss, wie in Listing 4.51 dargestellt.

```
<head>
    <script type="text/javascript"
        src="https://cdnjs.cloudflare.com/ajax/libs/
            angular.js/1.3.14/angular.min.js">
    </script>
     <script type="text/javascript"
        src="https://cdnjs.cloudflare.com/ajax/libs/
            angular.js/1.3.14/i18n/
            angular-locale_de-de.js">
    </script>
</head>
```

Listing 4.51: Laden einer landesspezifischen JavaScript-Datei

Da sich die Out-of-the-Box-Unterstützung aktuell, wie bereits erwähnt, auf Datums-, Zahlen-, und Währungsformatierungen beschränkt, sind die Möglichkeiten zur vollständigen Internationalisierung mit AngularJS-Bordmitteln schnell ausgeschöpft. Doch auch hierfür stellt die AngularJS-Community eine Lösung in Form des von Pascal Precht entwickelten Modules *angular-translate* bereit. Diese Erweiterung ermöglicht eine multilinguale Darstellung von Inhalten und einen Wechsel der Anzeigesprache zur Laufzeit. In Listing 4.52 ist das HTML-Markup für eine einfache multilinguale AngularJS-Anwendung dargestellt.

```
<head>
    <script type="text/javascript"
        src="https://cdnjs.cloudflare.com/ajax/libs/bower-
            angular-translate/2.5.2/angular-translate.min.js">
```

```
    </script>
  </head>
  <body ng-app="appModule">
    <h1 translate="APP-WELCOME"></h1>

    <div ng-controller="appController">
        <a ng-click="changeLanguage('en')">English</a>
        <a ng-click="changeLanguage('de')">German</a>
    </div>
  </body>
```

Listing 4.52: Multilinguale Weboberfläche mit „angular-translate"

Entscheidend ist, dass die Bibliothek *angluar-translate* nach der AngularJS-Kernbibliothek eingebunden wird. Die Anwendung besteht hauptsächlich aus zwei Links, die eine Sprachumschaltung ermöglichen, und einem Willkommenstext, der je nach Sprachauswahl in Deutsch oder Englisch angezeigt wird. Für die Anzeige von sprachabhängigen Inhalten wird die *translate*-Direktive benötigt. Das Festlegen der Sprachinhalte erfolgt im JavaScript. Hierzu muss zunächst die AngularJS-Erweiterung *pascalprecht.translate* geladen werden, die alle notwendigen Services und Funktionen bereitstellt (Listing 4.53). Das Registrieren einer neuen Sprache innerhalb der Anwendung erfolgt mithilfe der Methode *translations(…)* des *$translateProvider*-Service. Die Funktion erwartet Sprachschlüssel sowie ein Hash-Objekt, das als Übersetzungstabelle fungiert. Jeder Schlüssel entspricht dabei einer so genannten Translation ID, die auch im HTML-Markup als Referenz dient. Der Wert stellt den eigentlich anzuzeigenden, sprachabhängigen Anzeigetext dar. Um die Standardanzeigesprache festzulegen, muss die Methode *preferredLanguage(...)* mit einem zuvor definierten Sprachschlüssel aufgerufen werden. Ein besonders nützliches Feature ist die Sprachumschaltung zur Laufzeit. Sinnvollerweise erfolgt die Sprachauswahl in einem Controller mit injizierten *$translate*-Service, der ebenfalls Teil von *angular-translate* ist. Die Umschaltung der Sprache wird durch die Methode *use(…)* ermöglicht. Diese nimmt, ähnlich wie die *preferredLanguage(...)*-Methode, eine der zuvor spezifizierten Translation IDs entgegen.

```
var app = angular.module('appModule',
    ['pascalprecht.translate'])
.config(function ($translateProvider) {

    $translateProvider.translations('de', {
        APP-WELCOME: 'Willkommen auf der deutschen Seite!'
    });

    $translateProvider.translations('en', {
        APP-WELCOME: 'Welcome to the english page!'
    });

    $translateProvider.preferredLanguage('de');
})
.controller('appController', ['$scope', '$translate',
    function ($scope, $translate) {
        $scope.changeLanguage = function (languageKey) {
            $translate.use(languageKey);
        };
    }
]);
```

Listing 4.53: Initialisieren von Sprachschlüsseln

Soll unmittelbar nach dem Umschalten der Sprache eine weitere Funktion ausgeführt werden, lässt sich dies mittels des *$translateChangeSuccess*-Event realisieren (Listing 4.54). Dazu sind dem Event Listener der Name des Events und die auszuführende Funktion zu übergeben. Wichtig ist die Wahl des richtigen Scopes, da das Event ausschließlich auf dem *$root-Scope* ausgelöst wird.

```
$rootScope.$on('$translateChangeSuccess', function() {
    alert("Success");
});
```

Listing 4.54: Auf die Sprachumschaltung reagieren

4.15 Automatisiertes Testen mit Jasmine

Applikationstests sollten ein essenzieller Bestanteil jedes Softwareentwicklungsprozesses sein. Sie gestatten eine frühzeitige Identifikation von Fehlern und helfen zweifelsohne bei der Entwicklung von qualitativ hochwertigen Softwarelösungen. Automatisierte Tests verursachen zwar zunächst zusätzliche Entwicklungsaufwände, bieten aber im Gegensatz zu manuellen Tests klare Vorteile. Beispielsweise lässt sich ein einmalig entwickelter Unit Test dazu verwenden, ein Testszenario immer und immer wieder unter denselben Bedigungen durchzuspielen. Unit Tests oder auch Modultests zählen zu den Whiteboxtests, was heißt, dass bei der Definition der Tests der zu testende Quellcode bekannt ist. Modultests testen ein Modul jeweils isoliert, also weitestgehend ohne Interaktion mit anderen Modulen. Aus diesem Grund müssen abhängige Module beziehungsweise externe Komponenten, wie etwa Backend-Systeme oder Datenbanken, durch Hilfsobjekte simuliert werden. Vollständige Tests, bei denen alle Komponenten in ihrer Originalversion getestet werden, sollten in den nachfolgeden Integrations- und Systemtests durchgeführt werden. Folgende Hilfsobjekte stehen bei Modultests zur Verfügung:

- Dummy: Ein Objekt, das im Code weitergereicht, aber nicht verwendet wird. Diese Arten von Objekten werden eingesetzt, um Parameter mit Werten zu befüllen.

- Fake: Ein Objekt mit Implementierung, die jedoch auf ein Minimum reduziert ist, was dafür sorgt, dass es in der Produktivumgebung nicht eingesetzt werden kann. Ein typisches Beispiel für einen Fake ist eine Datenbank, die Daten nur temporär im Speicher vorhält.

- Stub: Ein Objekt, das beim Aufruf einer bestimmten Methode unabhängig von der Eingabe immer die gleiche Ausgabe liefert.

- Mock: Ein Objekt, das bei vorher bestimmten Funktionsaufrufen mit bestimmten übergebenen Werten eine definierte Rückgabe liefert.

- Spy: Ein Objekt, das Aufrufe und übergebene Werte protokolliert und bei Bedarf zurückliefert.

- Shim/Shiv: Eine Bibliothek, welche die Anfrage an eine Programmierschnittstelle abfängt und selbst behandelt. Hierzu können beispielsweise Fake-, Stub- oder Mock-Objekte eingesetzt werden.

Aufgrund des Frameworkaufbaus und der verwendeten Technologien, wie etwa Dependency Injection, eignen sich mit AngularJS entwickelte Anwendungen hervorragend für Unit- und End-to-End-Tests. Für solche automatisierten Tests eignet sich das Testframework Jasmine, ein BDD-Framework (Behaviour-drive Development), das speziell für JavaScript entwickelt wurde.

 Das Testframework Jasmine kann von der Webseite *https://github. com/jasmine/jasmine* bezogen werden.

Das Framework gilt als Nachfolger von JsUnit, einer direkten Adaption von JUnit. Ein entscheidender Nachteil von JSUnit liegt darin, dass die Tests ausschließlich im Browser möglich sind. Die Voraussetzung für browserbasierte Tests ist wiederum, dass die Scripts in eine HTML-Seite eingebunden werden. Allerdings gibt es mittlerweile zahlreiche Anwendungsfälle, bei denen der JavaScript-Code unabhängig vom HTML-Code läuft. Somit ist die Flexibilität bei rein browserbasierten Tests stark eingeschränkt. Das folgende Beispielszenario zeigt einen typischen Anwendungsfall für einen Modultest. Ein Algorithmus soll die mathematische Kreiszahlenkonstante Pi mittels Näherung berechnen. Da es sich bei Pi um einen definierten Wert handelt, ist das Ergebnis gut überprüfbar. Die eigentliche Applikation besteht im Wesentlichen aus einer HTML-Seite (Listing 4.55), die zur Ausgabe des Werts Pi dient, sowie dem dazugehörigen JavaScript-Code, der in Listing 4.56 dargestellt ist.

```
<html>
    <head>
        <script type="text/javascript"
            src="https://cdnjs.cloudflare.com/ajax/
                libs/angular.js/1.3.13/angular.min.js">
        </script>
        <script type="text/javascript" src="app.js"></script>
    </head>
```

```
<body ng-app="appModule">
    <div ng-controller="appController">
        {{calculatePi()}}
    </div>
</body>
</html>
```

Listing 4.55: „index.html"

Die JavaScript-Datei *app.js* definiert ein Modul und eine Controller-Klasse, die eine Funktion mit einer Berechnungslogik beinhaltet.

```
var appModule = angular.module("appModule", [])
.controller("appController", function ($scope) {
    $scope.calculatePi = function () {
        var Pi = 0, n = 1;
        for (i=0; i <= 10000; i++) {
            Pi += (4 / n);
            n += 2;
            Pi -= (4 /n);
            n += 2;
        }

        return Pi.toFixed(4);
    }
});
```

Listing 4.56: „app.js"

Um sicherzustellen, dass das Ergebnis der Funktion *calculatePi()* auch nach Anpassungen an abhängigen Modulen und Funktionen stets dasselbe ist, ist es durchaus sinnvoll, diese Methode zu testen. Hierzu muss zunächst eine Jasmine-Testspezifikation, ein so genannter „Spec" erstellt werden (Listing 4.57). Testfälle werden dabei nach „Suites" innerhalb der Methode *describe(…)* gruppiert. Diese Funktion nimmt zwei Parameter entgegen: Beim ersten Parameter handelt es sich um einen String, der den Testinhalt in natürlicher Sprache beschreibt. Als zweiter Parameter wird eine Funktion erwartet, in der sich die eigentlichen Tests spezifizieren lassen. Um den Test einer Methode innerhalb der Testsuite korrekt zu initialisieren, ist ein Aufruf der Funktion *beforeEach(…)* notwendig. Das Gegenstück zu dieser Methode bildet die *afterEach(...)*-Funktion, die nach jedem Test verwendet werden kann. Um einen Test-Scope zu definieren, lässt sich die Funktion *it(...)* verwenden, die als erstes Argument einen Beschreibungstext und als zweiten Parameter eine Methode entgegennimmt. Der Funktionsaufruf *expect(scope.calculatePi()).toBe('3.1415')* dient dem Test der Methode *calculatePi()*. Das zu erwartende Ergebnis „3.1415" wird mittels der Match-Funktion *toBe(...)* festgelegt. Matcher bilden den Kern des Testframeworks Jasmine und sind im Prinzip nichts anderes als boolesche Vergleiche zwischen den übermittelten und den zu erwartenden Werten. Im Nachfolgenden sind die wichtigsten Matcher aufgeführt:

- *toBe(...)*
- *toBeCloseTo(...)*
- *toBeDefined(...)*
- *toBeUndefined(...)*
- *toBeTruthy(...)*
- *toBeFalsy(...)*
- *toBeNull(...)*
- *toBeNaN(...)*
- *toContain(...)*
- *toEqual(...)*
- *toMatch(...)*
- *toBeGreaterThan(...)*
- *toBeLessThan(...)*
- *toHaveBeenCalled(...)*

```
describe("appModule", function() {
    beforeEach(module('appModule'));
    describe("appController", function() {
        var scope;
        beforeEach(inject(function($rootScope, $controller)
{
            scope = $rootScope.$new();
            $controller("appController", {
```

```
            $scope: scope
        });
    }));

    it("Should be 3.1415", function() {
        expect(scope.calculatePi()).toBe('3.1415');
    });
    });
});
```

Listing 4.57: „pispec.js"

Der einfachste Weg, Jasmine-Spezifikationen (Specs) auszuführen, ist der Test in einem Browser. Hierzu wird eine HTML-Seite als Grundlage verwendet, der so genannte „SpecRunner" (Listing 4.58). Die Webseite inkludiert sowohl alle notwendigen Jasmine-Frameworkkomponenten als auch die zu testenden JavaScript-Dateien und die Specs. Für die visuelle Ausgabe der Testergebnisse kommt ein Reporter zum Einsatz. Bei dem gezeigten Beispiel handelt es sich um den HtmlReporter, der durch den Funktionsaufruf *env.addReporter(new jasmine.HtmlReporter())* initialisiert wird.

```
<html>
    <head>
        <link rel="stylesheet" href="https://cdn.jsdelivr.net/
            jasmine/1.3.1/jasmine.css" />

        <script type="text/javascript"
          src="https://code.jquery.com/jquery-1.11.2.min.js">
        </script>

        <script type="text/javascript"
            src="http://cdn.jsdelivr.net/jasmine/1.3.1/
                jasmine.js">
        </script>
        <script type="text/javascript"
            src="http://cdn.jsdelivr.net/jasmine/1.3.1/
                jasmine-html.js">
        </script>

        <script type="text/javascript"
```

```
        src="https://cdnjs.cloudflare.com/ajax/libs/
            angular.js/1.3.13/angular.min.js">
    </script>

    <script type="text/javascript"
            src="https://cdnjs.cloudflare.com/ajax/libs/
                angular.js/1.3.13/angular-mocks.js">
    </script>

    <script type="text/javascript" src="app.js"></script>
    <script type="text/javascript"src="pispec.js"></script>

    <script type="text/javascript">
        $(function () {
            var env = jasmine.getEnv();
            env.addReporter(new jasmine.HtmlReporter());
            env.execute();
        });
    </script>
  </head>
  <body></body>
</html>
```

Listing 4.58: „specrunner.html"

Ein Aufruf der Datei *specrunner.html* sollte das der Abbildung 4.13 gezeigte Ergebnis liefern. Das grüne Erscheinungsbild signalisiert, dass die Tests erfolgreich ausgeführt wurden. Treten Fehler bei der Ausführung auf, werden die fehlerbehafteten Stellen in rot visualisiert. Neben der Reihenfolge der Funktionsaufrufe stellt die Jasmine-Test-Engine auch noch die für die Aufrufe benötigte Zeit dar.

Abb. 4.13: Ausführen von Jasmine-Tests im Browser

Unter dem Aspekt, dass eines der Hauptprobleme bei der JavaScript-Entwicklung in der Kombination aus unterschiedlichsten Browsern und Betriebssystemen resultiert, ist es sinnvoll, Tests in differierenden Umgebungen auszuführen. Ein im IE9 auftretender Fehler muss nicht zwangsläufig im IE8 oder IE10 auftreten. Somit sollte JavaScript-Code stets in allen projektrelevanten Browsern getestet werden. Im Gegensatz zu anderen Testframeworks lässt sich Jasmine problemlos in viele IDEs, etwa Visual Studio, integrieren. Somit können Tests direkt aus der Entwicklungsumgebung durchgeführt werden, was den Testaufwand auf ein Minimum reduziert. Möglich ist die Integration von Jasmine in Visual Studio, beispielsweise durch die Installation der Erweiterung Chutzpah. Bei diesem kostenlosen Add-on handelt es sich um einen Open Source Testrunner, der es ermöglicht, QUnit-, Jasmine-, Mocha-, CoffeeScript- und TypeScript-Tests direkt in Visual Studio auszuführen.

 Die aktuelle Chutzpah-Version lässt sich über die NuGet-Package-Manager-Konsole mithilfe des Kommandos *Install-Package Chutzpah* installieren.

Ist die Erweiterung Chutzpah in Visual Studio installiert, lassen sich die Tests einfach und komfortabel über das Menü TESTS | DURCHFÜHREN | ALLE TESTS aufrufen. Alternativ können die Tests auch über die Tastenabfolge CRTL + R + A gestartet werden. Nach dem Ausführen der spezifizierten Tests werden die Ergebnisse wie in Abbildung 4.14 dargestellt.

Das Einbinden von Testtools in die Entwicklungsumgebung ist durchaus sinnvoll, da Tests nur effektiv sind, wenn sie auch regelmäßig durchgeführt werden. Das ist aber erfahrungsgemäß nur dann der Fall, wenn sie so wenig zusäztlichen Aufwand wie möglich verursachen.

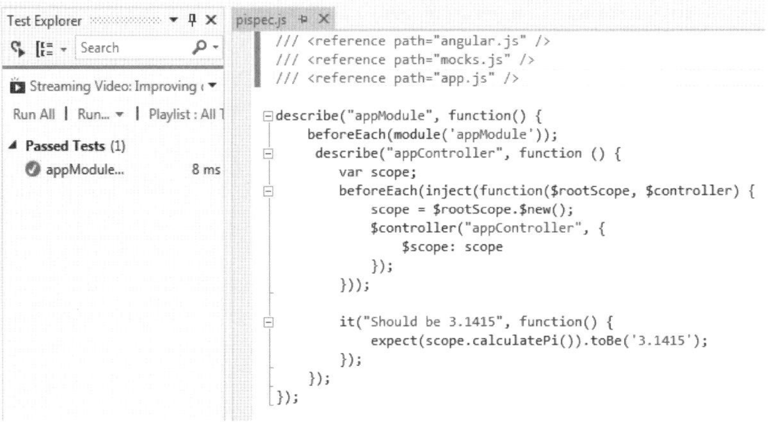

Abb. 4.14: Ausführen von Jasmine-Tests in Visual Studio

4.16 AngularJS-Direktiven

Die AngularJS-Dokumentation beschreibt Direktiven als Markierung innerhalb eines DOM-Elements, um den AngularJS-Compiler anzuweisen, das Element mit einem bestimmten Verhalten zu assoziieren oder zu manipulieren. Auch wenn ein Großteil der Direktiven in den vorangegangenen Kapitel bereits erörtert wurde und mittlerweile klar sein sollte, wie und wozu Direktiven in AngularJS eingesetzt werden, dient dieses Kapitel noch einmal dazu, einen Überblick über die wichtigsten Attribute zu geben.

4.16.1 ngApp

Die Direktive *ngApp* definiert den Startknoten einer AngularJS-Anwendung und sollte typischerweise direkt im *<HTML>*-Tag oder im *<Body>*-Tag platziert werden. Für den Initialisierungsprozess der Anwendung wird stets die erste im Dokument gefundene *ngApp*-Direktive verwendet, die auch gleichzeitig den *$rootscope* definiert. Die *ngApp*-Direktive lässt sich sowohl mit als auch ohne angegebenes AngularJS-Modul verwenden. AngularJS-Anwendungen können nicht verschachtelt werden!

4.16.2 ngBind

Die *ngBind*-Direktive weist AngularJS an, den Inhalt eines bestimmten HTML-Elements durch einen definierten Wert zu ersetzen. Ändert sich der Eigenschaftswert, wird der anzuzeigende Wert in der Oberfläche automatisch aktualisiert. Die Direktive *ng-bind* ist somit vergleichbar mit der doppeltgeschweiften Klammersyntax. Da die *ngBind*-Direktive im Gegensatz zu der Alternativlösung bis zur vollständigen Kompilierung durch AngularJS für den Benutzer unsichtbar ist, sollte diese Variante präferiert werden. Eine Alternative für dieses Problem stellt die AngularJS-Direktive *ngCloak* dar.

4.16.3 ngBindHtml

Evaluiert den Ausdruck und fügt den HTML-Inhalt in das entsprechende Element ein. Standardmäßig wird das einzufügende HTML-Markup mithilfe des *$sanitize*-Service bereinigt. Aus diesem Grund ist sicherzustellen, dass sowohl die JavaScript-Datei *angular-sanitize.js* in der Anwendung inkludiert wurde als auch das Modul *ngSanitize* geladen ist.

4.16.4 ngBindTemplate

Mit der Direktive *ngBindTemplate* wird festgelegt, dass der Inhalt eines bestimmten HTML-Elements durch ein kompiliertes Template ersetzt werden soll.

4.16.5 ngClass

Die Direktive *ngClass* erlaubt das dynamische Festlegen von CSS-Klassen für ein bestimmtes HTML-Element. Verfügt das Zielelement bereits über eine zuzuweisende CSS-Klasse, so wird diese nicht mehr gesetzt, um Redundanzen zu vermeiden. Ändert sich der Eigenschaftswert, so werden alle zuvor hinzugefügten Style-Klassen zunächst entfernt und ausschließlich die neuen CSS-Klassen übernommen. Die *ngClass*-Direktive nimmt drei verschiedene Datentypen entgegen:

- String: In einem String lassen sich eine oder mehrere durch Leerzeichen voneinander getrennte CSS-Klassen übergeben
- Array: Wird ein Array-Objekt übergeben, so muss es sich bei jedem Element um einen String mit einem oder mehreren durch Leerzeichen voneinander getrennte Klassennamen handeln
- Objekt: Handelt es sich um ein Objekt, das aus Key-Value Pairs besteht, so muss der der jeweilige Key den Klassennamen repräsentieren

4.16.6 ngClassEven

Die Direktive *ngClassEven* ist vergleichbar mit der oben genannten Direktive *ngClass* und lässt sich beispielsweise in Verbindung mit einem Repeater (*ngRepeat*) einsetzen. Der Unterschied zwischen den beiden Direktiven besteht darin, dass *ngClassEven* (im Fall der Verwendung in einem Repeater) nur in geraden Zeilen angewendet wird.

4.16.7 ngClassOdd

Bei der Direktive *ngClassOdd* handelt es sich um das Gegenstück von *ngClassEven*. Wird sie in einem Repeater verwendet, erfolgt die Anwendung der CSS-Klasse ausschließlich in ungerade Zeilen.

4.16.8 ngCloak

Mit der Direktive *ngCloak* lässt sich das verfrühte Anzeigen von Inhalten, die noch nicht durch die AngularJS Compile Engine kompiliert wurden, unterbinden. Der Einsatz dieser Direktive wird empfohlen, um das für den Benutzer offensichtliche Austauschen von RAW-Inhalten durch AngularJS beim Anwendungsstart zu verhinden. Die Direktive kann auf verschiedenen Scopes, wie dem *$rootScope* oder aber auch darunter, angewendet werden.

4.16.9 ngController

Die Direktive *ngController* stellt eine elementare Komponente in AngularJS dar und wird gemäß dem MVC-Pattern dazu verwendet, einen zuvor spezifizierten Controller an eine Ansicht zu binden. Kommt der AngularJS *$route*-Service zum Einsatz, wird ein Controller ausschließlich über diesen mit der View verknüpft.

4.16.10 ngCopy

Die Direktive *ngCopy* dient zur Festlegung einer bestimmten Funktion, die beim Eintreten des Copy-Events ausgeführt wird.

4.16.11 ngCsp

Mithilfe der *ngCsp*-Direktive ist es möglich, die Unterstützung der Content Security Policy zu aktivieren – ein Sicherheitskonzept, das Cross-Site Scripting und andere Angriffe durch Einschleusen von Fremddaten in eine Webseite verhindern soll. CSP unterbindet die Verwendung von *eval(…)* oder *Function(string)*. AngularJS selbst nutzt im Normalfall die Funktion *Function(string)* zur Generierung von geschwindigkeitsoptimiertem Code. Bei aktivierter CSP durch den Einsatz der *ngCSP*-Direktive läuft AngularJS bis zu 30 Prozent langsamer.

4.16.12 ngCut

Die *ngCut*-Direktive dient dazu, eine bestimmte Funktion festzulegen, die beim Eintreten des Cut-Events ausgeführt wird.

4.16.13 ngDisabled

Mithilfe des *ngDisabled*-Attributs ist es möglich, ein HTML-Element, wie beispielsweise einen Button, zu deaktivieren bzw. wieder zu aktivieren.

4.16.14 ngForm

Bei der Direktive *ngForm* handelt es sich um einen Alias für das HTML-Form-Element. Darüber hinaus ermöglicht die Direktive ein Verschachteln von Forms, um beispielsweise Untergruppenvalidierungen abbilden zu können.

4.16.15 ngHide

Die Direktive *ngHide* lässt sich dazu verwenden, ein bestimmtes HTML-Element anhand eines Ausdrucks ein- oder auszublenden. Die Anzeigesteuerung erfolgt dabei mittels der durch AngularJS spezifizierten CSS-Klasse *ng-hide*. Diese setzt den Display-Style mit dem Zusatzattribut *!important* auf *none*. Soll ein HTML-Element dann ausgeblendet werden, ergänzt AngularJS die Style-Klasse oder entfernt sie wieder, um das Element einzublenden. Bei Bedarf kann die CSS-Klasse *ng-hide* natürlich durch eigene Eigenschaften erweitert oder überschrieben werden.

4.16.16 ngShow

Die *ngShow*-Direktive bildet das Gegenstück zu *ngHide*. Entspricht der angegebene Ausdruck dem Wert *true*, so wird das HTML-Element eingeblendet, andernfalls wird es mithilfe der CSS-Klasse *ng-hide* ausgeblendet.

4.16.17 ngHref

Wird AngularJS Markup, wie etwa die doppeltgeschweifte Klammersyntax, in einem *href*-Attribut verwendet, kann das zu Problemen führen, wenn der Benutzer den Link anklickt, bevor der Ausdruck durch AngularJS ersetzt wurde. Die Direktive *ngHref* löst dieses Problem.

4.16.18 ngIf

Neben *ng-show* und *ng-hide* stellt AngularJS die Direktive *ng-if* bereit. Diese unterscheidet sich von den beiden anderen Attributen insbesondere dadurch, dass nicht nur die Visibilität des Zielelements geändert, sondern das Zielelement komplett aus dem DOM entfernt wird. Ein gängiger Anwendungsfall für den Einsatz dieser Direktive ergibt sich in Verbindung mit CSS-Pseudoklassenselektoren, etwa *:first-child* oder *:last-child*. Wird der Selektor *:first-child* beispielsweise in einer HTML-Tabelle verwendet, um das erste Element farblich hervorzuheben, dieses aber anschließend mittels der Direktive *ng-show* ausgeblendet, so funktioniert der Pseudoklassenselektor nicht mehr. Anders verhält sich die Situation bei Einsatz der *ng-if*-Direktive. Bei der Rekreation des Elements wird der erzeugte Scope verworfen und durch den übergeordneten überschrieben. Somit verhält sich der Bereich so, als würde die Seite initial geladen werden.

4.16.19 ngInclude

Für das Einbinden von HTML-Fragmenten in Templates erweist sich die AngularJS-Direktive *ng-include* als äußerst nützlich. Sie ermöglicht sowohl die bedingte Anzeige von im Markup spezifizierten AngularJS Templates als auch von externen HTML-Dokumentinhalten. Zu beachten ist, dass die Verwendung dieser Direktive der Same-Origin Policy sowie der Cross-Origin Policy unterliegt. Somit funktioniert sie für Cross-Domain Requests.

4.16.20 ngInit

Die *ngInit* Direktive erlaubt das Auswerten eines Ausdrucks innerhalb des aktuellen Scopes.

4.16.21 ngList

Der Einsatz der *ngList*-Direktive ermöglicht das Konvertieren einer Texteingabe mit einem Trennzeichen zu einem String Array. Standardmäßig dient ein Komma als Trennsymbol. Darüber hinaus besteht aber die Möglichkeit, ein eigenes Trennzeichen, etwa ein Pipe-Symbol, zu definieren.

4.16.22 ngModel

Mithilfe der Direktive *ngModel* ist es möglich, eine bidirektionale Datensynchronisierung zwischen einem Eingabeelement, etwa einem Texteingabefeld oder einer Auswahlliste, und einer Model-Eigenschaft innerhalb eines Controllers herzustellen. Zu beachten ist, dass AngularJS beim Einsatz dieser Direktive zunächst versucht, eine Assoziation zwischen dem HTML-Element und einer im Ziel-Scope befindlichen Eigenschaft herzustellen. Gelingt das nicht, erstellt AngularJS implizit die Eigenschaft mit dem definierten Namen und fügt sie dem aktuellen Scope hinzu.

4.16.23 ngModelOptions

Die *ngModelOptions*-Direktive erlaubt es, das Updateverhalten des Models zu steuern. Auch wenn das vordefinierte Verhalten der Direktive *ngModel* in den meisten Fällen passend ist, gibt es immer wieder Szenarien, in denen eine sofortige Synchronisierung der eingegebenen Nutzerdaten in das Data Model nicht erwünscht ist. Das kann zum Beispiel bei einem Suchmechanismus der Fall sein, wenn nicht unmittelbar bei jedem Tastenanschlag eine Suche ausgelöst werden soll.

4.16.24 ngNonBindable

Die Direktive *ngNonBindable* weist AngularJS an, ein bestimmtes DOM-Element und dessen Inhalt nicht zu kompilieren und somit auch keine Datenbindung vorzunehmen. Beim Anzeigen von Code in einer auf AngularJS basierenden Webanwendung kann diese Direktive unter anderem zum Einsatz kommen.

4.16.25 ngPaste

Die *ngPaste*-Direktive dient der Festlegung einer bestimmten Funktion, die beim Eintreten des Paste-Events ausgeführt wird.

4.16.26 ngReadonly

Mithilfe des *ngReadonly*-Attributs ist es möglich, die Eingabe von Text durch einen Benutzer in der Weboberfläche, beispielsweise für ein Texteingabefeld, zu unterbinden.

4.16.27 ngRepeat

Die Direktive *ngRepeat* eignet sich hervoragend für die wiederholte Darstellung von Inhalten in einer HTML-Seite. So kann zum Beispiel der Inhalt einer JavaScript Collection einfach in der Oberfläche visualisiert werden. Wird das Objekt um ein Element erweitert, so aktualisiert AngularJS die Darstellung in der Oberfläche automatisch. Gleiches gilt für aktualisierte oder entfernte Elemente.

4.16.28 ngSrc

Wird AngularJS Markup, wie etwa die doppeltgeschweifte Klammersyntax, in einem *src*-Attribut verwendet, kann das zu Problemen führen, wenn der Browser versucht, die Bilder zu einem Zeitpunkt zu laden, an dem AngularJS noch keine Ausdrucksersetzung vorgenommet hat. Die Direktive *ngSrc* löst dieses Problem.

4.16.29 ngStyle

Die Direktive *ngStyle* erlaubt das bedingte Festlegen von Inline Styles für ein bestimmtes HTML-Element.

4.16.30 ngSwitch

Mit der Direktive *ngSwitch* ist es möglich, DOM-Elemente anhand eines Ausdrucks ein- oder auszublenden. Die Bedingung, anhand derer die Visibilität für ein Unterlement gesteuert wird, ist mittels der Direktive *ng-switch-when* als String-Konstante festzulegen. Existiert kein Element mit zutreffendem Wert, so wird das DOM-Element mit der spezifizierten *ng-switch-default*-Direktive eingeblendet.

4.16.31 ngValue

Die Direktive *ngValue* ermöglicht das Binden eines Ausdrucks an das HTML-Attribut *value* und ist beispielsweise für das Tag *<option>* oder für Radiobuttons gültig. Besonders nützlich erweist sich die Direktive in Verbindung mit dynamisch generierten Listen von Optionsfeldern durch einen Repeater (*ngRepeat*).

5 ASP.NET Web API V2

5.1 Einführung

Web-APIs werden mit zunehmender Verbreitung von verschiedensten Zugriffsmöglichkeiten auf Webinhalte immer wichtiger und erfreuen sich aufgrund ihrer positiven Eigenschaften zunehmender Beliebtheit. Mittlerweile sind am Markt diverse internetfähige Endgeräte, wie etwa Smartphones, Tablets oder Blu-Ray-Player verfügbar, mit denen es möglich ist, über mobile Browser oder Apps Daten aus dem Internet abzurufen. Darüber hinaus setzen viele Webanwendungen, darunter vor allem SPAs, auf Rich-Client-Funktionalität und nutzen AJAX, um Daten in XML, JSON oder einem anderen Schnittstellenformat anzufordern, anstatt bei jeder Benutzerinteraktion serverseitig generiertes HTML abzurufen. Durch das partielle Austauschen von Inhalten kann der anfallende Traffic somit auf ein notwendiges Minimum reduziert werden. Ein Großteil der populären Internetplattformen, wie zum Beispiel Facebook, Twitter, LinkedIn etc. bieten mittlerweile öffentliche Web-APIs an, die Entwicklern die Möglichkeit bieten, Daten auf einfachem Weg abzurufen und in Webseiten oder Applikationen zu integrieren. Öffentliche Schnittstellen bilden allerdings nur die Spitze des Eisbergs. Mindestens genauso interessant ist die Verwendung von internen Web-APIs, um bestehende, auf WCF basierende Architekturen oder ASMX Web Services abzulösen. Die gemeinsame Kommunikationsbasis bildet stets das HTTP-Protokoll. Das Ziel von Web-APIs ist die Schaffung einer zentralen Datenzugriffsschicht, wie in Abbildung 5.1 dargestellt. Dies bietet unter anderem den Vorteil, dass serverseitige Businesslogiken nur einmal implementiert werden müssen. Anpassungen an der Datenzugriffskomponente passieren an einer zentralen Stelle – dem Web-API. Eine optimale Plattform zum Erstellen von RESTful APIs im Kontext des .NET Frameworks bietet das aus WCF entstandene ASP.NET Web API V2, das ab der .NET-Framework-Version 4.0 als Open-Source-Framework zur Verfügung steht. Der Unterschied zu einem klassischen Web Service, bei dem HTTP lediglich als Transportschicht dient, um beispielsweise SOAP anzufragen und zu verarbeiten, besteht darin, dass im Web-API HTTP als Application-Level-Protokoll eingesetzt wird.

Ein hieraus resultierender Profit ist, dass viele positive Eigenschaften verwendet werden können, etwa die HTTP-Statuscodes oder auch die HTTP-Verbs wie GET, POST, PUT und DELETE.

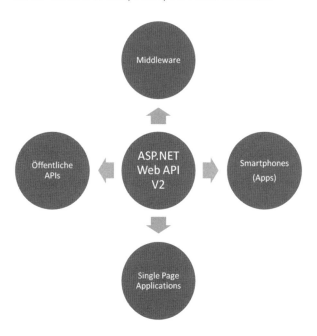

Abb. 5.1: ASP.NET Web API V2 als zentrale Serviceschicht

Besonders beachtenswert sind darüber hinaus die Out-of-the-Box-Features, wie Caching, verschiedene Security-Features und Compression, die ohne weiteres Zutun aufgrund der Basistechnologie HTTP verwendet werden können. Das Web-API eignet sich aber nicht nur für den Einsatz in neuen Projekten. Genauso gut lassen sich klassische ASP.NET-MVC-Anwendungen durch den Einsatz eines Web-API erweitern beziehungsweise modernisieren. So können mit wenig Aufwand öffentliche Schnittstellen bereitgestellt werden, die über sämtliche Web-

API-V2-Features wie etwa Content Negotiation oder OData Services verfügen. Alle diese Eigenschaften prädestinieren ASP.NET Web API V2 geradezu als Backend-Schnittstelle für SPAs.

Aufgrund der vielfältigen Eigenschaften und Funktionen von ASP.NET Web API V2 sind in diesem Kapitel nicht alle Bestandteile bis ins kleinste Detail aufgeführt. Jedoch wird ein fundiertes Grundlagenwissen vermittelt, mit dem es problemlos möglich ist, eine Datenschicht für SPAs zu entwickeln.

5.2 Projektvorbereitung

Visual Studio 2013 bietet für die einfache Erstellung von Web-API-V2-Projekten eine ASP.NET-MVC-Projektvorlage an (Abb. 5.2). Projekte, die auf Basis dieser Vorlage erstellt werden, verfügen bereits über die notwendige Projektstruktur. Darüber hinaus sind alle notwendigen Assemblies im Projekt referenziert, sodass unmittelbar mit der Entwicklung eines Web-API begonnen werden kann.

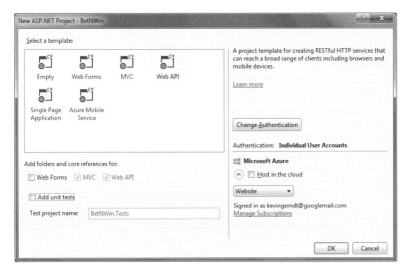

Abb. 5.2: Visual-Studio-Vorlage für ASP.NET-Web-API-V2-Projekte

Unmittelbar nach dem Erstellungsprozess lässt sich das Projekt durch Drücken der Taste F5 starten. Um weitere Funktionalität in Form eines API-Controllers hinzuzufügen, ist im Dialog ELEMENT HINZUFÜGEN die Elementvorlage WEB API 2 CONTROLLER MIT ENTITY FRAMEWORK UNTERSTÜTZUNG auszuwählen.

 Für die Verwendung von ASP.NET Web API 2 unter Visual Studio 2012 sowie für die Expressversion müssen zunächst ASP.NET und Webtools 2013.1 für Visual Studio 2012 installiert werden. Diese lassen sich aus dem Microsoft Download Center kostenlos herunterladen und bringen viele weitreichende Verbesserungen sowie diverse neue Projektvorlagen, wie Web API 2 und MVC 5 Templates mit sich. Zusätzlich empfiehlt es sich, das NuGet-Package-Manager-Kommando *Install-Package Microsoft.AspNet.WebApi* auszuführen, um sicherzustellen, dass alle Abhängigkeiten auf dem aktuellsten Stand sind.

Im nächsten Schritt muss eine Model-Klasse angegeben werden, die als Basis für die zu erzeugende CRUD-Logik dient. Hierbei kann es sich beispielsweise um eine zuvor hinzugefügte POCO-Klasse handeln. Zu beachten ist, dass die Klasse erst nach dem Kompilieren der Solution zur Auswahl steht. Der generierte Controller-Klassen-Code verfügt bereits über die für ein ASP.NET Web API notwendigen CRUD-Operationen. Nach dem Starten der Webanwendung lässt sich die GET-Aktion des Controllers durch einen Aufruf des URL *.../api/controller* ausführen.

 Bei NuGet handelt es sich um eine freie Paketverwaltung für das .NET Framework, die als Visual-Studio-Erweiterung erhältlich ist. Die NuGet Package Manager Console lässt sich über das Menü TOOLS | LIBRARY PACKAGE MANAGER | PACKAGE MANAGER CONSOLE aufrufen. Alternativ kann die Konsole auch über die Tastenabfolge ALT + T + N + O gestartet werden.

5.3 Content Negotiation

Ein besonderes Merkmal von ASP.NET Web API ist die aktive Unterstützung von Content Negotiation (Inhaltsvereinbarung). Die HTTP-Spezifikation (RFC 2616) beschreibt Content Negotiation folgendermaßen: „The process of selecting the best representation for a given response when there are multiple representations available". Es handelt sich also um eine Technik zur Abstimmung von Inhalten zwischen Client und Server, um den Client gemäß seiner Möglichkeiten und Vorzüge optimal zu bedienen. Am Prozess der Inhaltsvereinbarung sind die folgenden HTTP Request Header beteiligt:

- **Accept:** Die Media Types, die als Response akzeptiert werden, etwa *application/xml oder application/json*

- **Accept-Charset:** Akzeptierte Character Sets, beispielsweise UTF-8 oder ISO-8859-1

- **Accept-Encoding**: Akzeptiertes Content Encoding, wie *gzip*

- **Accept-Language**: Präferierte Sprache des Clients, beispielsweise *de*, *de-de* oder *en-us*

Neben den aufgeführten Headern können auch andere Fragmente des Requests durch den Server ausgewertet werden, um die Art des Responses zu bestimmen. Enthält eine Anfrage beispielsweise einen *X-Request-With*-Header, deutet das auf einen AJAX-Call hin. Der Server antwortet in diesem Fall auch ohne angegebenen Accept Header mit dem Format JSON. In dem folgenden Szenario wird die in Listing 5.1 gezeigte Controller-Methode aufgerufen, um Daten über einen GET-Request abzufragen.

```
// GET: api/User/1
[ResponseType(typeof(User))]
public IHttpActionResult GetUser(int id)
{
    User user = db.Users.Find(id);

    if (user == null)
    {
```

```
        return NotFound();
    }

    return Ok(user);
}
```

Listing 5.1: GET-Methode eines ASP.NET Web API Controllers

Hierzu sendet der Client einen Aufruf mit folgenden Header-Informationen an den Server:

```
GET http://localhost.:8082/api/user/1 HTTP/1.1
Host: localhost.:8082
Accept: application/json, text/javascript, */*; q=0.01
```

Der Accept Header gibt an, dass der Client den Media Type *application/json* präferiert, aber auch *text/javascript* sowie alle anderen Typen (*/*) akzeptiert. Bei der Angabe *q=0.01* handelt es sich um den so genannten Quality Factor, einen Gewichtungsfaktor, der dabei hilft, den bestmöglichen Media Type zu ermitteln. Ist kein expliziter Quality Factor angegeben, beträgt er stets 1. Als Antwort erhält der Client daraufhin den folgenden Response:

```
HTTP/1.1 200 OK
Content-Type: application/json; charset=utf-8
Content-Length: 75
Connection: Close
{"UserId":1,"Forename":"Kevin","Surname":"Gerndt",
   "EmailAddress":"kontakt@kevin.gerndt.de","Birthday":null,
       "Country":1,"Password":"Passwort1","ImageType":null,
                                              "Image":null}
```

Um das Verhalten der Content Negotiation in Aktion zu testen, reicht es aus, den URL jeweils im Internet Explorer und Chrome aufzurufen. Der Internet Explorer bietet die Daten als Download im JSON-Format an. Chrome hingegen stellt die Daten als XML dar, wie der Vergleich in Abbildung 5.3 zeigt.

Abb. 5.3: Content Negotiation in Aktion (Chrome/Internet Explorer)

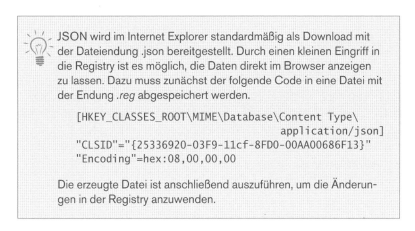

JSON wird im Internet Explorer standardmäßig als Download mit der Dateiendung .json bereitgestellt. Durch einen kleinen Eingriff in die Registry ist es möglich, die Daten direkt im Browser anzeigen zu lassen. Dazu muss zunächst der folgende Code in eine Datei mit der Endung .reg abgespeichert werden.

```
[HKEY_CLASSES_ROOT\MIME\Database\Content Type\
                                    application/json]
"CLSID"="{25336920-03F9-11cf-8FD0-00AA00686F13}"
"Encoding"=hex:08,00,00,00
```

Die erzeugte Datei ist anschließend auszuführen, um die Änderungen in der Registry anzuwenden.

Ein Blick in die Accept Header der Browser gibt Aufschluss über das Verhalten. Sowohl Chrome als auch die meisten gängigen Browser übermitteln folgenden Header:

Accept: text/html, application/xhtml+xml, application/xml; q=0.9,*/*;q=0.8.

Der Internet Explorer hingegen sendet den Accept Header: *Accept: text/html, application/xhtml+xml,*/*.*

Content Negotiation im Kontext von ASP.NET Web API funktioniert nach dem folgenden Schema: Geht eine Anfrage am Server ein, wird im ersten Schritt der *IContentNegotiator*-Service aus dem *HttpConfiguration*-Objekt zusammen mit einer Liste der verfügbaren Media Formatters aus der Liste *HttpConfiguration.Formatters* abgerufen. Anschließend versucht die *Negotiate*-Methode des *IContentNegotiator*-Services einen passenden Media Formatter zu ermitteln.

ASP.NET Web API stellt im Standard Media Formatter für die Formate XML und JSON bereit, die für die Objektserialisierung zuständig sind. Darüber hinaus ist es möglich, Formatter für eigene Rückgabeformate zu entwickeln, wie in Kapitel 6.4 im Detail dargestellt wird. Kann keine Übereinstimmung ermittelt werden, gibt die *Negotiate*-Methode *null* zurück, und der Client erhält den HTTP-Statuscode 406 (Not acceptable).

5.4 Custom Media Formatters

Standardmäßig stellt ASP.NET Web API, wie bereits angesprochen, Media Formatter für die Formate JSON und XML bereit. Sollen aber zum Beispiel Daten im CSV-Format angeboten werden, ist es notwendig, einen eigenen Media Formatter zu entwickeln, wie in Listing 5.2 dargestellt. Custom Formatter sind hierzu von der Klasse *BufferedMediaTypeFormatter* abzuleiten und müssen die Methoden *WriteToStream(…)*, *CanReadType(…)* sowie *CanWriteType(…)* implementieren. Im Konstruktor werden die akzeptierten Ziel-Content-Types für den Formatter angegeben. In der überschriebenen Methode *CanWriteType(…)* lassen sich Bedingungen festlegen, auf Basis derer entschieden wird, ob der übermittelte Typ in das gewünschte Endformat umgewandelt werden kann. Da die Serialisierungslogik in dem Beispiel so aufgebaut ist, dass sich prinzipiell jedes Objekt in CSV konvertieren lässt, erfolgt lediglich eine Überprüfung auf die Serialisierbarkeit des Typs. Der Formatter im Beispiel unterstützt keine Deserialisierung, weshalb die Methode *CanReadType(….)* immer den Wert *false* zurückliefert. Für eine Deserialisierungsunterstützung ist zusätzlich noch die Methode *ReadFromStream(…)* mit zu implementieren. Das Schreiben der Daten in den HTTP-Stream erfolgt in der Methode *WriteToStream(…)*. In dem aufgezeigten Beispiel werden zunächst alle Properties eines Objekts kommasepariert als Spaltenüberschrift in eine Zeile des String Builders geschrieben. Anschließend wird für jeden Eintrag in der übergebenen Liste die Methode *AppendLine(…)* aufgerufen. Diese schreibt die öffentlichen Eigenschaftswerte des Objekts in eine weitere Zeile des String Builders und stellt darüber hinaus durch den Aufruf der Funktion *EncodeCSV(…)* sicher, dass die Ausgabewerte CSV-kompatibel sind.

```
public class CSVFormatter : BufferedMediaTypeFormatter
{
    public CSVFormatter()
    {
        SupportedMediaTypes.Add(new
            MediaTypeHeaderValue("text/csv"));
    }

    public override bool CanWriteType(Type type)
    {
        return type.IsSerializable;
    }

    public override bool CanReadType(Type type)
    {
        return false;
    }
}
public override void WriteToStream(Type type, object value,
                Stream writeStream, HttpContent content)
{
    using (var writer = new StreamWriter(writeStream))
    {
        StringBuilder sb = new StringBuilder();
        PropertyInfo[] propertyInfos =
            value.GetType().GetProperties();

        sb.Append(string.Join(";", propertyInfos.Where(x =>
            x.GetCustomAttributes(false).Count() == 1)
            .Select(f => ((DisplayName)f
            .GetCustomAttributes(false).First())
            .GetDisplayName()).ToArray()));
```

```
        sb.Remove(sb.Length - 1, 1).AppendLine();
        var objectList = value as IEnumerable<object>;
        if (objectList != null)
        {
            objectList.ToList().ForEach(x =>
                this.AppendLine(propertyInfos, x, sb));
        }
        else
        {
            var singleObject = value as object;
            if (singleObject == null)
            {
                throw new InvalidOperationException(
                    "Cannot serialize type");
            }

            this.AppendLine(propertyInfos, singleObject, sb);
        }

        writer.Write(sb.ToString());
    }
}

private string EncodeCSV(object value)
{
    if (value == null) return ";";
    if (value is Nullable && ((INullable)value).IsNull)
        return string.Empty;

    if (value is DateTime)
    {
        if (((DateTime)value).TimeOfDay.TotalSeconds == 0)
            return ((DateTime)value).ToString("yyyy-MM-dd");
        return ((DateTime)value).ToString(
            "yyyy-MM-dd HH:mm:ss");
    }

    string output = value.ToString();
    if (output.Contains(",") || output.Contains("\""))
        output = '"' + output.Replace("\"", "\"\"") + '"';

    return output;
}
```

```
private void AppendLine(PropertyInfo[] propertyInfos,
object obj, StringBuilder sb)
{
    foreach (PropertyInfo propertyInfo in propertyInfos)
    {
        if (propertyInfo.GetCustomAttributes(false)
            .Count() == 1)
        {
            object val = propertyInfo.GetValue(obj, null);
            sb.Append(EncodeCSV(val)).Append(";");
        }
    }

    sb.Remove(sb.Length - 1, 1).AppendLine();
}
```

Listing 5.2: CSV Formatter

Neben dem akzeptierten Content Type sind Custom Media Formatters auch in der Lage, auf angeforderte Encodings wie beispielsweise UTF-8 oder ISO 8859-1 zu reagieren. Dazu müssen der *SupportedEncodings*-Liste im Konstruktor die unterstützten Encodings hinzugefügt werden (Listing 5.3).

```
public CsvFormatter()
{
    SupportedMediaTypes.Add(new
        MediaTypeHeaderValue("text/csv"));

    SupportedEncodings.Add(new
        UTF8Encoding(encoderShouldEmitUTF8Identifier:
                                            false));

    SupportedEncodings.Add(
        Encoding.GetEncoding("iso-8859-1"));
}
```

Listing 5.3: Festlegen von akzeptierten Encodings

In den Methoden *WriteToStream(…)* und *ReadFromStream(…)* lässt sich anschließend durch den Aufruf der Methode *SelectCharacterEncoding(…)* das präferierte Encoding ermitteln. Diese vergleicht das angefragte Encoding mit der Liste der unterstützten Encodings und liefert den bestmöglichen Treffer zurück. Damit das ermittelte Encoding auch später beim Schreiben des Ausgabestreams berücksichtigt wird, muss es noch dem *StreamWriter(…)* übergeben werden, wie in Listing 5.4 dargestellt.

```
public override void WriteToStream(Type type, object value,
                    Stream writeStream, HttpContent content)
{
    Encoding enc = SelectCharacterEncoding(content.Headers);

    using (var writer = new StreamWriter(writeStream, enc))
    {
        …
    }
}
```

Listing 5.4: Berücksichtigen des präferierten Encodings

Um den Custom Media Formatter in der ASP.NET-Web-API-Pipeline zu aktivieren, ist er abschließend der Formatters-Liste im *HttpConfiguration*-Objekt hinzuzufügen, wie Listing 5.5 zeigt.

```
public static void Register(HttpConfiguration config)
{
    config.Formatters.Add(new CsvFormatter());
}
```

Listing 5.5: Registrieren eines Custom Formatters

Die Daten im CSV-Format lassen sich nun direkt über den Browser oder mittels eines AJAX Calls anfordern. Entscheidend dabei ist, dass im Aufruf der Content Type *text/csv* übergeben wird, damit das Web-API das richtige Datenformat zurückliefert.

5.5 OData

Das weltweite Datenwachstum schreitet von Jahr zu Jahr voran, und ein Ende der Datenflut ist vorerst nicht in Sicht. Aber nicht nur die Datenmenge wächst unaufhörlich, sondern auch die Anzahl der verschiedenen Datenquellen. Anwendungen persistieren Daten in Azure, SQL-Datenbanken oder anderen Datenbanksystemen in unterschiedlichsten Formen und Strukturen. Das bedeutet konkret, dass jede Applikation eine spezielle Datenzugriffsschicht benötigt. Verschiedene Implementierungen bedeuten allerdings nicht nur einen zeitlichen Mehraufwand, sondern stellen auch einen zusätzlichen Kostenfaktor dar. Wäre es nicht eleganter, von allen Applikationen, wie etwa Clientanwendungen, Apps und SPAs, über ein und denselben Service auf Daten zugreifen zu können? Eine Lösung hierfür bietet das von Microsoft veröffentlichte OData-Protokoll – ein HTTP-basiertes Protokoll, das dazu dient, eine einheitliche Schnittstelle für CRUD-Operationen auf Basis von REST Services zwischen verschiedenen Softwaresystemen zu schaffen. OData definiert ein abstraktes Datenmodell, das von nahezu allen Clients verwendet werden kann (Abb. 5.4).

Dieser offene Standard nutzt die Vorzüge der HTTP-Verbs und stellt verschiedene Parameter bereit, mithilfe derer sich Datenquellen bequem über den URL filtern, einschränken, sortieren und pagen lassen. Ein großer Vorteil von OData ist, dass die Abfragen durch den Client generiert werden. Somit ist es nicht mehr nötig, mehrere spezielle Methoden zur Abfrage von Daten wie etwa *GetUserByForename*, *GetUserBySurname* oder *GetUserById* serverseitig zu implementieren. Diese Eigenschaft macht Web-APIs noch attraktiver und verleiht ihnen darüber hinaus ein Höchstmaß an Flexibilität.

 Die aktuelle OData-Version lässt sich über die NuGet-Package-Manager-Konsole mithilfe des Kommandos *Install-Package Microsoft.AspNet.WebApi.OData* installieren.

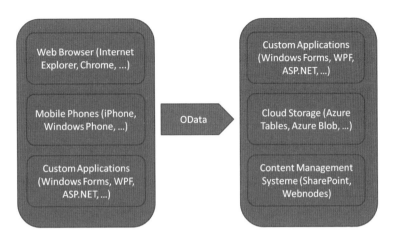

Abb. 5.4: OData-Paradigma

OData Queries lassen sich für jeden beliebigen Web-API-Controller in einem ASP.NET-Projekt aktivieren, ohne dass er zwingend einen entsprechenden OData-Endpunkt besitzen muss.

Um OData-Abfragen für eine Methode innerhalb eines Controllers explizit zuzulassen, ist sie mit dem *[EnableQuery]*-Attribut zu versehen (Listing 5.5).

```
private BetNWinAPIContext db = new BetNWinAPIContext();
// GET: api/User
[EnableQuery]
public IQueryable<User> GetUsers()
{
    return db.Users.AsQueryable();
}
```

Listing 5.5: Aktivieren von OData-Unterstützung für die HTTP-GET-Methode

Sollen OData-Abfragen projektweit aktiviert werden, kann dies durch den Aufruf der Methode *EnableQuerySupport()* in der *Register*-Methode der Klasse *HttpConfiguration* geschehen, wie Listing 5.6 zeigt.

```
Public static void Register(HttpConfiguration config)
{
    config.EnableQuerySupport();
}
```

Listing 5.6: Globale Aktivierung der OData-Unterstützung

Um mittels OData Query die ersten zehn Einträge einer Liste, sortiert nach der Eigenschaft *Name* abzurufen, genügt folgender URL-Aufruf: *.../api/team?$top=10&$orderby=Name*. Die einzelnen Parameter, die in der OData-Spezifikation als Query Options bezeichnet werden, beginnen jeweils mit einem $-Symbol und lassen sich beliebig miteinander kombinieren. In Tabelle 5.1 sind die möglichen OData-Abfrageparameter näher beschrieben.

Query Option	Beschreibung
$expand	Liefert zusätzlich bestimmte Eigenschaften einer abhängigen Entität aus
$filter	Filtert das Ergebnis anhand eines booleschen Ausdrucks
$inlinecount	Liefert zusätzlich die Anzahl der gesamten Ergebnisse mit
$orderby	Sortiert die Ergebnisse anhand einer bestimmten Eigenschaft
$select	Bestimmt, welche Eigenschaften im Ergebnis zurückgeliefert werden sollen
$skip	Überspringt die ersten n Elemente des Ergebnisses
$top	Liefert die ersten n Elemente des Ergebnisses zurück

Tabelle 5.1: OData Query Options

Der OData-Filterausdruck stellt neben logischen und arithmetischen Operatoren auch String- und Datumsfunktionen bereit. So lassen sich neben String-Operationen wie etwa Contains, Startswith, Substring oder Length auch Datumswerte miteinander vergleichen oder berechnen. Die in Tabelle 5.2 dargestellten Beispiele sollen einen Eindruck davon vermitteln, welche Abfragen mithilfe der OData-Syntax möglich sind.

Beschreibung	Query
Alle Einträge sortiert nach der Eigenschaft *Name*	.../api/team? $orderby=Name
Die ersten fünf Einträge	.../api/team? $top=5
Alle Einträge, deren Eigenschaft *Name* den Wert *FC* beinhaltet	.../api/team?$filter=substringof('FC', Name)
Alle Einträge, bei denen die Eigenschaft *TeamId* größer oder gleich fünf und kleiner oder gleich 10 ist	.../api/team?filter=TeamId ge 5 and TeamId le 10
Alle Einträge, deren Eigenschaft *Name* mit dem Wert *FC* beginnen	.../api/team?$filter=startswith(Name, 'FC')
Alle Einträge, deren Eigenschaft *Name* mit dem Wert *München* enden	.../api/team?$filter=endswith(Name, 'München')
Alle Einträge, deren Eigenschaft *Name* dem Wert *FC Augsburg* entsprechen. Der Vergleichswert wird in Großbuchstaben umgewandelt	.../api/team?$filter=toupper(Name) eq 'fc augsburg'
Alle Einträge, deren Datumsjahr dem Wert *2014* entsprechen	.../api/match?$filter=year(Date) eq 2014

Tabelle 5.2: OData-Beispiele

Der Parameter *$inlinecount* funktioniert nicht mit Rückgabewerten von Typ *IEnumerable* oder *IQueryable*. Der Grund hierfür ist, dass die notwendigen Felder *NextPageLink* und Count direkt durch den in OData spezifizierten Typ *PageResult* bereitgestellt werden.

Enthält eine Datenquelle viele Einträge, empfiehlt es sich, die Datenmenge, die prinzipiell mit einem Payload ausgeliefert werden kann, serverseitig zu beschränken. Das lässt sich mittels Paging realisieren, indem die auszuliefernden Daten in kleinere Segmente unterteilt werden und jeweils nur ein Teilstück der Ergebnismenge an den Client übermittelt wird.

Listing 5.7 stellt die Implementierung eines Pagings mittels des OData-*PageResult*-Typs dar. Das Akzeptieren des Parameters *ODataQueryOptions* ermöglicht die serverseitige Modifikation der vom Client übermittelten OData Query. Die Eigenschaft *PageSize* der Klasse *ODataQuerySettings* gibt an, wie viele Einträge der Ergebnismenge maximal pro Payload zurückgeliefert werden. Durch den Aufruf der Methode *ApplyTo(...)* wird das *ODataQuerySettings*-Objekt auf die Query angewendet.

```
public PageResult<Team> Get(ODataQueryOptions<Team> options) {
    ODataQuerySettings settings = new ODataQuerySettings()
    {
        PageSize = 5
    };
    IQueryable results = options.ApplyTo
        (db.Teams.AsQueryable(), settings);


    return new PageResult<Team>(
        results as IEnumerable<Team>,
        Request.ODataProperties().NextLink,
        Request.ODataProperties().TotalCount);
}
```

Listing 5.7: Beschränken des Payloads durch ein Paging

Die Anfrage mit dem URL *http://localhost:8282/api/team?$inlinecount=allpages* übermittelt das folgende Ergebnis im JSON-Format an den Client:

```
{"Items":[{"TeamId":1,"Name":"SC Paderborn 07","IconUrl":
                                  "content/ images/
    teams/sc_paderborn_07.png"},{"TeamId":2, ... },
                              {"TeamId":3, ... },
    {"TeamId":4, ... },{"TeamId":5, ... }],"NextPageLink":"
    http://localhost:8282/api/team?$inlinecount=allpages&$skip=
                              5 ","Count":18}
```

Der Query-Parameter *$inlinecount* kann mit den Werten *allpages* oder *none* aufgerufen werden. Der im Beispiel verwendete Wert *allpages* sorgt dafür, dass die Gesamtanzahl der in der Datenbank enthaltenen Elemente als Count im Payload angezeigt wird. Der Key *NextPageLink* enthält den Aufruf-URL zum Abruf der nächsten Seite des Pagings, sofern weitere abzurufende Elemente vorhanden sind. Andernfalls ist der Wert *null*.

OData verleiht dem Client somit ein großes Maß an Freiheit, birgt aber gleichzeitig die Gefahr, dass versehentlich oder bewusst Queries mit extrem langer Ausführungszeit abgesetzt werden, was im schlimmsten Fall zum Ausfall des bereitgestellten Service führen kann. Um bestimmte Abfragen gezielt einschränken oder verbieten zu können, nimmt das *[EnableQuery]*-Attribut Parameter vom Typ *ActionFilterAttribute* entgegen. Welche das konkret sind, ist in Tabelle 5.3 aufgelistet. Auf diese Weise lassen sich beispielsweise arithmetische Operationen komplett untersagen oder das Sortieren der Ergebnisse lässt sich auf bestimmte Eigenschaften begrenzen, wie in Listing 5.8 dargestellt.

```
[EnableQuery(AllowedArithmeticOperators =
    AllowedArithmeticOperators.None,
    AllowedOrderByProperties = "Name")]

public IQueryable<Team> GetTeams()
{
    return db.Teams.AsQueryable();
}
```

Listing 5.8: Einschränken von Operationen

Typ	Beschreibung
AllowedFunctions	Funktionen, die in Verbindung mit der Query-Option *$filter* erlaubt sind, wie etwa *StartsWith*, *EndsWith* oder Substring
AllowedArithmeticOperators	Arithmetische Operatoren, die in Verbindung mit der Query-Option *$filter* erlaubt sind, etwa *Add*, *Divide* oder *Modulo*
AllowedLogicalOperators	Ruft eine Liste der zulässigen logischen Operatoren einschließlich *eq*, *ne*, *gt*, *ge*, *lt*, *le*, *and*, *or*, *not* ab bzw. legt sie fest
AllowedQueryOptions	Gibt an, welche Query Options wie etwa *$filter*, *$skip* oder *$top* für eine OData-Abfrage zulässig sind
AllowedOrderByProperties	Gibt an, welche Spalten für Sortierung zulässig sind

Tabelle 5.3: Verfügbare „ActionFilter"-Attribute

Sollen projektweit grundsätzlich bestimmte OData Queries verhindert werden, kann das über eine globale Einschränkung erfolgen. Hierzu lässt sich der Methode *EnableQuerySupport(…)* beim Aufruf in der *Register*-Methode der Klasse *HttpConfiguration* ein Objekt vom Typ *Queryable-Attribute* übergeben, wie in Listing 5.9 zu sehen ist.

```
QueryableAttribute queryAttribute = new QueryableAttribute
{
    AllowedQueryOptions = AllowedQueryOptions.Top |
        AllowedQueryOptions.Skip,
        MaxTop = 100
};
config.EnableQuerySupport(queryAttribute);
```

Listing 5.9: Globales Beschränken von Operationen

5.6 Authentifizierung und Autorisation

Sicherheit stellt bei ASP.NET Web API – wie bei jeder Webtechnologie – einen äußerst wichtigen Aspekt dar. Die Überprüfung, ob ein Benutzer berechtigt ist, auf einen bestimmten Controller zugreifen beziehungsweise eine bestimmte Controller-Action ausführen zu dürfen, erfolgt in zwei Schritten. Bei der Authentifizierung wird zunächst die Identität des Benutzers festgestellt, in der Regel durch die Anmeldung mittels Benutzername und Passwort. ASP.NET Web API geht davon aus, dass die Authentifizierung im Host, also dem IIS, erfolgt. Neben dem Standardauthentifizierungsmechanismus besteht die Möglichkeit, ein eigenes HTTP-Modul für die Authentifizierung zu implementieren. Authentifiziert der Host einen User, erstellt er ein Objekt vom Typ *IPrincipal*, das den Security Context enthält, unter dem der Code ausgeführt wird. Das Principal enthält wiederum ein Identity-Objekt, das weitere Informationen über den Benutzer bereitstellt. Dazu gehören neben den Eigenschaften *Name* und *IsAuthenticated*, die angibt, ob der Benutzer authentifiziert ist, auch der Authentifizierungstyp. Das Assoziieren eines Principals mit einem bestimmten Thread erfolgt durch die Zuweisung der Eigenschaft *Thread.CurrentPrincipal*.

Soll die Benutzeridentität des ausführenden Threads nachträglich geändert oder in einem eigenen Authentifizierungsmechanismus festgelegt werden, muss dies an zwei Stellen geschehen, wie in Listing 5.10 gezeigt wird. Andernfalls kann es zu Inkonsistenz im Security Context der Anwendung kommen. Diese Vorgehensweise wird auch als Impersonification, also Identitätswechsel, bezeichnet. Die Eingenschaft *Thread. CurrentPrincipal* legt die Identität des Worker-Prozesses fest und ist der Standardweg in .NET. Der *HttpContext* wiederum ist Teil von ASP.NET. Mit dessen Hilfe kann über die Eigenschaft *Current.User* der aktuell angemeldete Benutzer ausgelesen oder festgelegt werden.

```
private void SetPrincipal(IPrincipal principal)
{
    Thread.CurrentPrincipal = principal;
    if (HttpContext.Current != null)
    {
        HttpContext.Current.User = principal;
    }
}
```

Listing 5.10: Impersonifizierung

Im zweiten Schritt erfolgt die Autorisierung, die klärt, ob der authentifizierte Benutzer über die Berechtigungen verfügt, eine bestimmte Aktion auszuführen zu dürfen. ASP.NET Web API stellt hierzu einen Authorization-Filter in Form des *[Authorize]*-Attributs bereit. Dieses überprüft, ob der aktuell aufrufende Benutzer authentifiziert ist und führt im Erfolgsfall die angeforderte Aktion aus. Andernfalls wird der HTTP-Statuscode 401 (Unauthorized) übermittelt und die Controller Action nicht aufgerufen. Die Zugriffssteuerung kann auf drei Ebenen, von einer globalen bis hin zu einer feingranularen Berechtigung, erfolgen. Für eine restriktive Berechtigung ist der *AuthorizeAttribute*-Filter in der *IIttpConfiguration*-Klasse zu registrieren, wie Listing 5.11 zeigt.

```
public static void Register(HttpConfiguration config)
{
    config.Filters.Add(new AuthorizeAttribute());
}
```

Listing 5.11: Hinzufügen des „AutorizeAttribute"-Filters

Der *AuthorizeAttribute*-Filter für ASP.NET-Web-API-Projekte ist im Namespace *System.Web.Http* zu finden. Das Attribut für MVC Controller mit dem identischen Bezeichner, das sich im Namespace *System.Web.Mvc* befindet, ist nicht kompatibel zu Web API Controllern.

Zur Einschränkung aller Actions innerhalb eines Controllers ist das *[Authorize]*-Attribute über der entsprechenden Controller-Klasse zu platzieren. Gleiches gilt natürlich auch für einzelne Actions. Alternativ besteht die Möglichkeit, einen gesamten ASP.NET Web API Controller zu restriktieren und den anonymen Zugriff auf bestimmte Actions zu erlauben, was in Listing 5.12 gezeigt wird.

```
[Authorize]
public class TeamController : ApiController
{
    [AllowAnonymous]
    public HttpResponseMessage Get() { ... }
    public HttpResponseMessage Post() { ... }
}
```

Listing 5.12: Restriktieren einer „ApiController"-Klasse

Neben dem Standardautorisierungsattribut besteht die Möglichkeit, eigene Attribute zu erstellen. Ein eigenes *Authorize*-Attribut ist zum Beispiel notwendig, wenn zusätzliche Rechte bei einigen Actions oder ganzen Controllern für einzelne User überprüft werden müssen. Custom-*Authorize*-Attribute sind von der Klasse *AuthorizeAttribute* abzuleiten. Listing 5.13 zeigt die Vorgehensweise zum Erstellen eines eigenen Autorisierungsattributs. Die Autorisierungslogik ist in der überschriebenen Methode *IsAuthorized(…)* implementiert und überprüft in diesem Beispiel, ob der aktuell angemeldete Benutzer Mitglied der Gruppen Admin und SuperAdmin ist. Nur wenn dies der Fall ist, verläuft der Autorisierungsprozess erfolgreich und der User ist berechtigt, die entsprechende Aktion auszuführen.

```
public class AdminRoleAttribute : AuthorizeAttribute
{
    protected override bool IsAuthorized
```

```
        (HttpActionContext actionContext)
    {
        IPrincipal principal =
        actionContext.RequestContext.Principal;

        if(principal != null)
        {
            return principal.IsInRole("Admin") &&
                principal.IsInRole("SuperAdmin");
        }
        return false;
    }
}
```

Listing 5.13: Erstellen eines Custom-„Authorize"-Attributs

5.7 Routing

In ASP.NET Web API gilt Routing als Verbindung zwischen URI und einer Controller Action. Ein Web API Controller stellt dabei einen Endpunkt für HTTP Request dar. Um einen Request einer Action zuzuordnen, kommen Routing-Tabellen zum Einsatz, wie in Listing 5.14 dargestellt.

```
routes.MapHttpRoute(
    name: "API Default",
    routeTemplate: "api/{controller}/{id}",
    defaults: new { id = RouteParameter.Optional }
);
```

Listing 5.14: ASP.NET-Web-API-Routing-Tabelle

Jeder Eintrag in der Routing-Tabelle enthält ein Route Template. Das Standardmuster für Web-APIs entspricht *api/{controller}/{id}*, wobei das Pfadelement *api* den Pfad repräsentiert und die Segmente *{controller}* sowie *{id}* Platzhalter darstellen. Geht nun eine Anfrage bei dem Web-API-Framework ein, routet es den Request zu einer bestimmten Action. Kann keine Zielmethode ermittelt werden, erhält der Client den HTTP-Statuscode 404 (Not Found). Neben diesen klassischen Routen, auch als Convention-based bezeichnet, unterstützt ASP.NET Web API ab der Version 2 einen neuen Routentyp: Attribute Routing.

 Die aktuelle ASP.NET-Web-API-Host-Version mit Attribute-Routing-Unterstützung lässt sich über die NuGet-Package-Manager-Konsole mithilfe des Kommandos *Install-Package Microsoft.AspNet.WebApi.WebHost* installieren.

Wie der Name schon vermuten lässt, erlaubt Attribute Routing das Definieren von Routen mittels eines Attributs. Dieses Feature erlaubt beispielsweise die Existenz mehrerer GET-Methoden innerhalb eines Controllers, vorausgesetzt, sie sind mit verschiedenen Routen assoziiert.

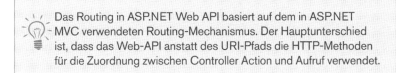 Das Routing in ASP.NET Web API basiert auf dem in ASP.NET MVC verwendeten Routing-Mechanismus. Der Hauptunterschied ist, dass das Web-API anstatt des URI-Pfads die HTTP-Methoden für die Zuordnung zwischen Controller Action und Aufruf verwendet.

Attribute Routing und Convention-based Routing lassen sich parallel in einem ASP.NET-Web-API-Projekt verwenden. Zur Aktivierung von Attribute Routing ist lediglich die Methode *MapHttpAttributeRoutes()* in der Web-API-Konfigurationsklasse aufzurufen, wie Listing 5.15 zeigt.

```
public static void Register(HttpConfiguration config)
{
    //Attribute Routing
    config.MapHttpAttributeRoutes();

    //Convention-Based Routing
    config.Routes.MapHttpRoute(
        name: "DefaultApi",
        routeTemplate: "api/{controller}/{id}",
        defaults: new { id = RouteParameter.Optional }
    );
}
```

Listing 5.15: Aktivieren von Attribute Routing

Um eine Controller Action von ihrer Convention-based Route zu lösen, ist sie mit einem *[Route]*-Attribut zu versehen. Als Übergabeparameter nimmt das Attribut die Zielroute als String entgegen, wie in Listing 5.16 dargestellt. Das Routensegment *{id}* dient als Referenz auf den erwarteten Methodenparameter.

```
[Route("api/teams/{id}")]
public async Task<IHttpActionResult> GetTeam(int id)
{
    ...
}
```

Listing 5.16: Zuweisen einer attributbasierten Route

Gelegentlich kommt es vor, dass ein bereitgestelltes Web-API geändert werden muss. Gründe hierfür können beispielsweise Erweiterungen oder Refactoring sein. Um die Funktionalität von Software, die auf das API zugreift, nicht zu gefährden, ist es ratsam, die Schnittstelle von Anfang an zu versionieren. Die Versionierung von APIs kann mithilfe des von ASP.NET Web API zur Verfügung gestellten *[RoutePrefix]*-Attribut vorgenommen werden. Diese Annotation ermöglicht das Festlegen eines Präfix für eine Controller-Klasse, wie in Listing 5.17 zu sehen. Soll eine bestimmte Action über eine andere Route erreichbar sein, kann das Präfix mit einer der Route vorangestellten Tilde (~) überschrieben werden.

```
[RoutePrefix("api/v1/teams")]
public class TeamController : ApiController
{
    // GET api/v1/teams
    [Route("")]
    public IEnumerable<Team> Get() { ... }
    // GET api/v1/teams/1
    [Route("{id}")]
    public Team Get(int id) { ... }

    // GET api/teams
    [Route("~/api/teams")]
    public IEnumerable<Team> Get() { ... }
}
```

Listing 5.17: Versionieren eines API-Controllers

5.8 Clientzugriff

Um Daten von einem Client aus einem Web-API abzurufen, beziehungsweise Informationen zurück an den Server zu übermitteln, kann der XMLHttpRequest (XHR) verwendet werden. Hierbei handelt es sich um ein Verfahren zum Übertragen von Daten über das HTTP-Protokoll. Mittels des gleichnamigen JavaScript-Objekts lassen sich Requests durch einen Aufruf des JavaScript-API durchführen. Problematisch ist jedoch, dass nicht alle Browser den gleichen Funktionsumfang des *XMLHttpRequest*-Objekts bereitstellen. Aus diesem Grund empfiehlt sich der Einsatz einer entsprechenden JavaScript Library wie etwa JQuery, die dieses Kompatibilitätsproblem durch Kapseln des Aufrufs in eigene Methoden löst und nahezu von allen modernen Webbrowsern unterstützt wird. Für eine einfache Abfrage von JSON-Daten lässt sich die JQuery-Methode *$.getJSON(…)* verwenden, die intern den *$.ajax(…)*-Aufruf nutzt und als Parameter den Aufruf-URL sowie ein Datenobjekt und eine Callback-Funktion entgegennimmt. Sämtliche JQuery-AJAX-Methoden geben ein erweitertes *XMLHTTPRequest*-Objekt zurück. Dieses implementiert das Promise-Interface und stellt somit die Methoden *done(…)*, *fail(…)* und *always(…)* bereit. Werden in einer Webanwendung häufig AJAX-Aufrufe verwendet, ist es sinnvoll, eine Request-Methode zu implementieren, die in der Lage ist, alle notwendigen HTTP-Operationen wie etwa GET, POST, PUT und DELETE durchzuführen. Eine solche Implementierung zeigt Listing 5.18 beispielhaft. Darüber hinaus verfügt die Methode *.ajax-Request(…)* über einen Logging-Mechanismus, der auftretende Fehler in die Konsole des jeweiligen Browsers ausgibt.

```
function ajaxRequest(type, url, data, dataType) {
    var options = {
        dataType: dataType || "json",
        contentType: "application/json",
        crossDomain: true,
        cache: false,
        type: type,
        data: data,
        error: function (xmlHttpRequest, textStatus,
                         errorThrown)
```

```
        {
                console.log(xmlHttpRequest.responseText);
                console.log(textStatus);
                console.log(errorThrown);
        }
    };

    return $.ajax(url, options);
}

ajaxRequest("GET", "http://localhost:8282/api/team")
    .success(data) { … }
```

Listing 5.18: Generische AJAX-Request-Funktion

Neben der Ausgabe von Fehlern in der Browserkonsole können die Development-Tools, die mittlerweile Teil der meisten Browser sind, sich als äußerst nützlich erweisen, um solche schnellstmöglich einzugrenzen. Sie ermöglichen beispielsweise die Aufzeichnung des Netzwerkverkehrs, um Anfragen an den Server und erhaltene Antworten auszuwerten. Abbildung 5.5 zeigt die Netzwerk-Traffic-Analyse im Internet Explorer.

Abb. 5.5: Netzwerk-Traffic-Analyse (Internet Explorer)

Die Detailansicht ermöglicht es des Weiteren, den konkreten Anfragetext für einen Request, Header-Informationen und den Antworttext einzusehen.

5.9   Cross-Origin-Support

Gelegentlich ist es notwendig, Daten, beispielsweise CSS oder JSON, mittels clientseitigen Skriptsprachen von anderen Webseiten oder Domänen abzurufen, um sie in der eigenen Webanwendung zu verwenden. Wer das schon einmal versucht hat, musste unter Umständen feststellen, dass ihm die Sicherheitsmechanismen des Browser einen Strich durch die Rechnung gemacht haben. Hierbei handelt es sich genau genommen um die Same-Origin Policy, kurz SOP, die ein wesentliches Sicherheitsmerkmal moderner Browser zum Schutz vor Angriffen darstellt. Diese Policy wurde 1996 von Netscape mit der Einführung von JavaScript ins Leben gerufen und verbietet das Benutzen von Ressourcen, deren Speicherort nicht origin ist, also nicht dem der Webseite entspricht. Der Herkunftsort definiert sich gemäß RFC 6454 aus drei Parametern: dem Protokoll, der Domain und dem Port. Nur wenn alle drei Konstanten gleich sind, gilt die Same-Origin Policy als erfüllt und der übergreifende Skriptzugriff ist möglich. Das folgende Beispiel soll veranschaulichen, in welchen Fällen die Regel greift und wann ein Datenabruf problemlos funktioniert. Von der Seite mit dem URL *http://betnwin.de/index.html* wird JSON mithilfe eines AJAX Requests angefordert. Ein Zugriff auf die Adresse *http://betnwin.de/api/user* ist ohne weiteres möglich. Tabelle 5.4 zeigt Aufrufe, die gegen die Same-Origin Policy verstoßen.

URL	Beschreibung
http://betnwin.com	Unterschiedliche Domains
http://betnwin.de:8082/api/	Unterschiedliche Ports
https://betnwin.de	Unterschiedliche Protokolle
http://www.betnwin.de	Unterschiedliche Subdomains

Tabelle 5.4: Verstöße gegen die SOP

Es ist dennoch möglich, auf Ressourcen mit anderer Quelle zuzugreifen, auch wenn sie gegen die SOP verstoßen. JSONP macht sich hierzu beispielsweise das HTTP-Merkmal zu eigen, Fremdressourcen domainübergreifend mittels GET-Request einzubinden. Allerdings beschränkt sich der Einsatz von JSONP auch auf den Abruf von Daten. Ein Zurücksenden ist nicht möglich, was häufig ein Ausschlusskriterium in modernen Webanwendungen ist. Eine weitere Möglichkeit, Cross-Origin Requests durchzuführen, bietet Cross-Origin Resource Sharing (CORS). Hierbei handelt es sich um einen Standardmechanismus, der von nahezu allen gängigen Webbrowsern implementiert wird und eine Alternative zu JSONP darstellt. CORS ermöglicht domainübergreifende Kommunikation und unterstützt neben dem Abruf von Daten auch das Rückübermitteln mittels der HTTP-Methoden POST und PUT.

 CORS wird von den folgenden Browsern vollständig oder teilweise unterstützt: Mozilla Firefox 3.5+, Safari 4+, Google Chrome 3+, Internet Explorer vollständig ab Version 10 sowie teilweise in den Versionen 8 und 9.

Die Einschränkungen, die durch die Same-Origin Policy auferlegt sind, können dabei vom jeweilig angefragten Server für bestimmte Clients aufgehoben werden. Um CORS in einem ASP.NET-Web-API-Projekt verwenden zu können, muss zunächst die benötigte Erweiterung installiert werden.

 Mit dem Package-Manager-Kommando *Install-Package Microsoft. AspNet.WebApi.Cors* werden die aktuellste Version von ASP.NET Web API CORS und alle Abhängigkeiten installiert beziehungsweise aktualisiert. Voraussetzung für den Einsatz von CORS ist die Verwendung von ASP.NET Web API 2.

Nach der abgeschlossenen Installation ist die Unterstützung von CORS zunächst projektweit in der *WebApiConfig*-Klasse durch den Aufruf der Methode *EnableCors()* zu aktivieren, wie Listing 5.19 zeigt.

```
public static void Register(HttpConfiguration config)
{
    config.EnableCors();
}
```

Listing 5.19: Globales Aktivieren von CORS

Um CORS für einen bestimmten API-Controller zu aktivieren, ist er mit dem Attribut *[EnableCors]* zu markieren (Listing 5.20). Das *EnableCors*-Attribut nimmt dabei folgende Parameter entgegen:

- *origins*: Dient der Bekanntmachung zwischen dem Web-API und den Zielapplikationen. Der Parameter nimmt dabei eine oder mehrere URLs entgegen. Zu beachten ist hierbei, dass der angegebene URL nicht mit einem / enden darf.

- *headers*: Eine Auflistung aller zulässigen Anfrage-Header.

- *methods*: Eine Liste der zulässigen HTTP-Methoden (*GET, PUT, POST, DELETE, UPDATE*).

Sollen mehrere Werte angegeben werden, sind sie kommaspariert aufzuführen. Für den Fall, dass keine konkrete Einschränkung vorgenommen werden soll, ist ein * als Wert anzugeben.

```
[EnableCors(origins: "http://myclient.betnwin.de", headers:
                                    "*", methods: "*")]
public class UserController: ApiController
{
    public IQueryable<User> GetUsers() { ... }
    public IHttpActionResult PutUser(int id, User user) { ...
}
}
```

Listing 5.20: Aktivieren von CORS für eine bestimmte API-Controller-Klasse

Grundsätzlich lässt sich das *EnableCors*-Attribut auf drei Ebenen anwenden:

- Global
- Klassenweit (Controller Scope)
- Auf einzelne Methoden

Die Ebene, auf die das Attribut angewendet wird, konfiguriert CORS für alle Anforderungen auf dieser Ebene und darunter. Wird das Attribut beispielsweise auf Methodenebene verwendet, so gilt diese Richtlinie ausschließlich für Anforderungen dieser Aktion. Bei einer Anwendung auf Klassenebene hingegen ist die Richtlinie für alle Anforderungen an diesen Controller gültig. Bei einer globalen Anwendung gilt die Richtlinie schließlich für alle Anforderungen. Ist eine Richtlinie an mehreren Stellen definiert, so greift das nächstgelegene Attribut. Die Rangfolge ist dabei wie folgt: Methode, Klasse, globale Definition. Falls CORS auf Klassenebene aktiviert ist, bestimmte Methoden aber ausgenommen werden sollen, ist dies mittels des Attributs *[DisableCors]* möglich, wie in Listing 5.21 dargestellt.

```
[EnableCors(origins: "*", headers: "*", methods: "*")]
public class UserController: ApiController
{
    public IQueryable<User> GetUsers() { ... }


    [DisableCors]
    public IHttpActionResult PutUser(int id, User user) { ...
}
}
```

Listing 5.21: Deaktivieren von CORS für eine bestimmte Controller Action

6 Fazit

SPAs sind sicherlich die Zukunft, was dynamische und flüssige Webanwendungen angeht. Sie suggerieren dem Benutzer, sich nahezu im clientseitigen Umfeld zu bewegen, und umgehen die für den Anwender lästigen Effekte des Webs, beispielsweise das Neuladen der Seite. Trotzdem darf nicht vergessen werden, dass für eine tadellos funktionierende SPA nach wie vor eine relativ stabile Netzverbindung vorausgesetzt wird. Ein vereinfachter Rollout-Prozess und eine einheitliche Technologie, die sich schon seit Jahren am Markt bewährt hat, wiegen diesen Nachteil aber wieder auf.

Umständliche AJAX-Aufrufe und das manuelle Anpassen von HTML-Markup mit jQuery gehören mit den Frameworks Knockout und AngularJS nahezu der Vergangenheit an. Eine intuitivere Entwicklung clientseitiger Webanwendungen wird durch diese Frameworks ermöglicht und dem Entwickler wird sehr viel Arbeit abgenommen bzw. sie wird ihm erleichtert.

6.1 Anwendungsbereiche

Vergleicht man die in diesem Buch behandelten Frameworks zur Erstellung einer SPA, so kann man abschließend im Hinblick auf den Anwendungsbereich eine klare Grenze ziehen.

Die Stärken von Knockout liegen im Data Binding. Viel mehr bringt dieses schlanke Framework an Funktionalität auch nicht mit. Selbstverständlich kann man Knockout mit vielen verfügbaren Erweiterungen aufbohren und in seiner Funktion ausweiten, doch ob das irgendwann noch sinnvoll ist, darf bezweifelt werden. Möchte man also keine lupenreine SPA entwickeln, sondern vielmehr eine Anwendung, die zwar serverseitige Seitenwechsel vorsieht, auf diesen Seiten der Inhalt aber dynamisch ist und häufig ausgetauscht wird, empfiehlt sich klar Knockout mit seinem komfortablen und leicht verständlichen Data Binding. Ganz anders kann AngularJS betrachtet werden. Hier handelt es sich ganz klar um ein allumfassendes SPA-Framework. Mit einem erweiterten Funktionsumfang, der das Abbilden der Geschäftslogik auf der Clientseite zulässt, sind komplexe Anwendungsszenarien und umfangreiche SPAs realisierbar.

Auf den Punkt gebracht, lautet die klare Aussage: Knockout ist eher für kleine Anwendungsszenarien, in denen der Fokus auf Data Binding liegt. AngularJS kommt zum Einsatz, wenn echte SPAs mit umfangreicher Anwendungslogik umgesetzt werden sollen.

6.2 Fundamentale Entscheidung

Der signifikante Unterschied zwischen Knockout und AngularJS ist, dass man bei AngularJS die Struktur der Anwendung über definierte Guidelines vorgegeben bekommt. Bei Knockout liegt die Anwendungsstruktur in der Hand des Architekten.

Es bleibt festzuhalten, dass ein Wechsel zwischen den Frameworks, nachdem der Entwicklungsprozess einer Anwendung einmal angestoßen wurde, kaum mehr möglich ist. Es handelt sich also um eine fundamentale Entscheidung, mit welchem Framework die Anwendung aufgesetzt wird. Der vorherige Abschnitt bietet bei dieser wichtigen Entscheidung die Grundlage, um das richtige Framework für den vorgesehen Einsatzbereich auszuwählen.

6.3 Schlusswort

Knockout bietet einen leichten Einstieg für Webentwickler, die sich gerade mit dem Thema SPAs vertraut machen. AngularJS hingegen macht zuerst einen schwerfälligen Eindruck, punktet aber gerade bei der Umsetzung komplexer Szenarien.

Aber egal, für welches Framework man sich schlussendlich entscheidet, hinter beiden steht eine starke Community, was ein Indikator dafür ist, dass die Frameworks so schnell nicht obsolet werden und sich die Einarbeitung und die Verwendung auf jeden Fall lohnen.

Nehmen Sie dieses Buch als Grundlage und setzen Sie ab sofort Webanwendungen um, die einen modernen Ansatz zur Grundlage haben und damit eine hohe Akzeptanz bei Ihren Kunden erreichen werden.

Stichwortverzeichnis

S

Same-Origin Policy   229
Scopes   120
service-Funktion   127
Services   124
Single Page Application   11, 12
Singleton   124
SOAP   168, 204
SPA   11, 12, 13, 233
Sticky Sessions   24
Syntax Highlighting   108

T

Technologiebandbreite   17
Templates   71
Templating   107
Templating Engine   75
textbasierte Templates   71

U

Unit Tests   187

V

Validierung   103, 156
Value-Funktion   126
View   21, 22
ViewModel   22

W

Web-App   12
Web Services   108
when-Funktion   132
White-Box-Tests   187
WSDL   168

X

XHR   227
XMLHttpRequest   227